Richard Wagner, Ulrich von Wilamowitz-Moellendorff,
Friedrich Wilhelm Nietzsche

Afterphilologie

Richard Wagner, Ulrich von Wilamowitz-Moellendorff, Friedrich Wilhelm Nietzsche

Afterphilologie

ISBN/EAN: 9783744611855

Hergestellt in Europa, USA, Kanada, Australien, Japan

Cover: Foto ©ninafisch / pixelio.de

Weitere Bücher finden Sie auf **www.hansebooks.com**

AFTERPHILOLOGIE.

Zur Beleuchtung

des

von dem Dr. phil. Ulrich von Wilamowitz - Möllendorff
herausgegebenen Pamphlets: »Zukunftsphilologie!«

Sendschreiben eines Philologen

an

RICHARD WAGNER.

LEIPZIG,

VERLAG VON E. W. FRITZSCH.

1872.

AFTERPHILOLOGIE.

Zur Beleuchtung

des

von dem Dr. phil. Ulrich von Wilamowitz-Möllendorff
herausgegebenen Pamphlets: »Zukunftsphilologie!«.

Sendschreiben eines Philologen

an

RICHARD WAGNER.

LEIPZIG
VERLAG VON E. W. FRITZSCH.
1872.

Verehrter Meister!

Nachdem Sie selbst in dem offenen Briefe an Friedrich Nietzsche, welcher in der Norddeutschen Allgemeinen Zeitung vom 23. Juni abgedruckt ist, der gegen das Buch unsres Freundes über die Geburt der Tragödie gerichteten »Erwiderung« des Dr. phil. Ulrich von Wilamowitz-Möllendorff mit der gebührenden Verachtung gedacht haben, könnte es beinahe überflüssig erscheinen, auf jenes Pasquill noch einmal zurückzukommen. Denn vergebliche Mühe wäre es in der That, wenn man, jener Schmähschrift gegenüber, den Scharfblick, die tiefe Einsicht, den seelenvollen Ernst unsres Freundes ausführlich erweisen wollte. Wer sein Buch selbst zu verstehen im Stande ist, der wird sich ohne fremde Nachhülfe eben von diesen Eigenschaften desselben am innigsten ergriffen fühlen; jenem Pasquillanten aber den von ihm mit solcher Heftigkeit gelästerten, ja als »erträumt« bezeichneten Geist des angefeindeten Autors klar machen zu wollen, wäre eben so thöricht, als wenn Einer dem Fuchse der Fabel die Süssigkeit der diesem unerreichbaren und darum von ihm sauer gescholtenen Trauben zu demonstriren unternähme. Offenbar nämlich haben wir es hier mit einem Exemplar jenes seltsamen Genus von »Kritikern« zu thun, denen ein für ihren Verstand durchaus nicht berechnetes Buch in die Hände gefallen ist, und die nun, da sie von dessen Inhalt nicht das Mindeste begriffen haben, auch — bei der Dürftigkeit ihrer Anlagen — nie das Mindeste zu begreifen im Stande sein werden, eben aus diesem völligen Nichtverstehen den einzigen Grund entnehmen, um sich zum »Kritiker« jenes Buches aufzuwerfen. Dass möglicher Weise der Autor es nur verschmäht habe, zu der Niedrigkeit ihres Standpunktes zu condescendiren, fällt solchen, nur gegen sich selbst nicht kritisch gestimmten Geschöpfen natürlich niemals ein; kaum möchten sie, auf dem hohen Pferde eigner Werthschätzung, auch nur den Sinn der Frage verstehen, welche der alte Lichtenberg an einen aus ihrem Orden richtete: »Wenn ein Kopf und ein Buch zusammen-stossen, und es klingt hohl, ist denn das allemal im Buche?« Genug, diese Gestrengen constatiren mit Entrüstung, dass es ihnen wieder einmal hohl geklungen habe. So denn auch dieser Dr. phil.; ihm möge aber der von ihm so feurig verehrte Euripides die Wahrheit noch directer andeuten: »Dem Thoren scheint, wer Weises redet, selbst verkehrt«.

Verwundern wird uns nun aber eine solche Dreistigkeit in der Verurtheilung des tief Gedachten und warm Empfundenen weiter nicht, in unsrer Zeit, wo als die wahre Legitimation zum Berufe des kritisch wachsamen Gesundheitsrathes der Litteratur die sorgfältig ausgebildete absolute Unfähigkeit gilt, irgend etwas zu verstehen, das über den Zustand des plattesten Behagens hinaus führen könnte. Diese bei ihm ganz herrlich entwickelte Unfähigkeit nennt der Dr. phil. von Wilamowitz: »gesunde Geistesklarheit«. Die Griechen würden sie wohl weniger euphemistisch ἀναισθησία, zu deutsch: dürftige Empfindungsarmuth genannt haben. Auch bei ihnen drängten sich mit den ersten Regungen allwissend ignoranter »Kritik« solche Leute hervor, von denen Aristoxenus sagt, dass sie tiefer Verstehenden ihre Einsichten mit dem einzigen Argument ihrer eignen ἀναισθησία bestritten, »als ob alles, was ihnen und ihren armseligen Fähigkeiten entgeht, auch überhaupt gar nicht vorhanden und jedenfalls durchaus verwerflich sei«. Selbst der giftige Ingrimm, die Schmähungen, Verläumdungen, Verdächtigungen, mit denen in dem Pasquill des Herrn Dr. die kritische Unfähigkeit sich Luft macht, wird uns nicht in Erstaunen setzen: wer hätte nicht an zahl-reichen widrigen Beispielen beobachtet, dass geistige Ueberlegenheit, wenn sie mit Ernst und stolzer Unbefangenheit eine tiefsinnige Ein-sicht aussprach, zu allen Zeiten von jenen Geistern, die eine tiefere Wahrheit weder selbst zu erkennen, noch ihre Erkenntniss an andern zu schätzen vermögen, wie eine persönliche Beleidigung empfunden, und in den heftigsten Ausbrüchen ihrer schon durch die blosse Existenz

des Edlen verletzten Selbstliebe abgewehrt wurde! Nun, unser
Freund wird ohne Zweifel, mit dem griechischen Spruche, denken:
besser beneidet als beklagt, und seinen Weg mit Festigkeit weiter
gehen. Wer aber einen solchen Kritiker, in gutmüthigem Wahne,
als ob es demselben auf ein ihm übrigens ja unerreichbares Verständniss überhaupt ernstlich ankäme, eines Bessern zu belehren
versuchte, der würde wahrlich seine Kräfte verschwenden. Wo die
eindringliche Beredtsamkeit unsres Freundes so ganz wirkungslos
blieb, da muss man doch in Wahrheit glauben, es mit einem Ver-
treter der dritten jener von Machiavell beschriebenen drei generazioni
di cervelli zu thun zu haben; welche dritte Art nämlich non intende
nè per sè stessa nè per dimostrazione d' altri. Man braucht in der
That nur einige der »Erwiderungen« des Dr. phil. auf Aeusserungen
unsres Freundes zu lesen, um hier »alle Hoffnung fahren« zu lassen.
Da wird z. B. gegen die Behauptung, dass »niemals, bis auf Euripides,
Dionysus aufgehört habe, der tragische Held zu sein«, auf die Choe-
phoren, Schutzflehenden, Perser, Aias, Elektra, Philoktet triumphi-
rend hingewiesen; der Ausführung unsres Freundes, dass Euripides
den Mythus getödtet habe, wird entgegnet, dass doch »eine ganze
Reihe der bekanntesten und ergreifendsten Mythen durch ihn erst
in die Litteratur und das allgemeine Volksbewusstsein gekommen«
seien; wenn unser Freund sagt, dass den Sinn des Aeschyleischen
Prometheus als des Heros der Activität der jugendliche Goethe in
den verwegenen Worten s e i n e s Prometheus zu enthüllen gewusst
habe : »hier sitz' ich, forme Menschen« u. s. w., so erwidert der Dr.
flugs: »Prometheus formt sie aber nicht«. Zu solchen Exhibitionen
gesunder Geistesklarheit kann man doch nur die Achseln zucken.
Oder wenn der Pasquillant unserm Freund, mit der ihm sehr geläu-
figen Kunst einer kleinen Entstellung seiner Worte, sagen lässt:
Sophokles habe den Oedipus als den überaus weisen und edlen
Menschen verstanden, der eben durch ein Uebermaass von Weisheit
zu Grunde geht, und darauf nun, »erwidernd«, sich selber folgender-
maassen auslässt: »ja Oidipus*) dünkt sich weise, allein es zeigt

---

*) Recht urgriechisch; anders thut es dieser Hochgelehrte nicht; so wie er
auch seinen »hochmodernen« Zeitungsjargon in ein pedantisches Jäckchen
affectirt altdeutscher Rechtschreibung gezwängt hat.

sich grade die Unzulänglichkeit unsrer Natur darin, dass eben dieser Wahn ihn stürzt« u. s. w. u. s. w. — so kann man aus dieser tiefsinnig neuen Offenbarung wohl nichts weiter entnehmen als die Beruhigung, dass dieser Dr. jedenfalls nicht an übermässiger Weisheit zu Grunde gehen werde.

Das merkwürdigste Zeugniss aber für seine Fähigkeit, ernsthaft bedeutende Dinge und Personen durch Trivialisirung seiner eignen Fassungskraft anzunähern, legt der Dr. phil. durch die höchst schätzbaren Aufschlüsse ab, die er uns über die künstlerische Natur des Euripides giebt. Sieht man nämlich den Eifer, mit welchem er sich dieses Dichters annimmt, so kommt man allerdings in Gefahr, nicht nur an der dichterischen Tiefe sondern auch an der geistigen Energie und dem leidenschaftlichen Erkenntnissdurst des von einem solchen Advocaten in Schutz Genommenen irre zu werden. Denn wahr bleibt doch jedenfalls, was Aristoteles ausspricht: dass einem Jeden das Wohlgefallen errege, was ihm von Natur verwandt ist. Aus dieser Besorgniss für Geist und Charakter des Dichters reisst uns nun plötzlich die geistreiche Deutung der »gesammten Dichternatur« des Euripides, die uns der Dr. phil. auf Seite 28 als schönste Frucht seiner Studien darbietet. Wir erfahren dort, dass der »eigentliche Kern« dieser Natur »die Disharmonie zwischen Wollen und Vollbringen« sei. Fürwahr, ein schönes Compliment für einen Künstler, das uns aber in heiterster Weise darüber aufklärt, was eigentlich diesen Pasquillanten antrieb, das Phantom, das er Euripides nennt, mit einer so wahrhaft verwandtschaftlichen Liebe zu umfassen.

Das also ist der »Kritiker« unsres Freundes! Nun, von einem solchen Leser wirklich verstanden zu werden, könnte offenbar für einen ernsthaften Schriftsteller nur compromittirend sein: eine Unannehmlichkeit, die denn auch keinem der von dem Pasquillanten so zahlreich citirten Autoren begegnet ist. So denke ich denn auch gar nicht daran, unsern Freund deswegen zu rechtfertigen, weil er mit dem Dr. phil. und seines Gleichen nicht die geringste Aehnlichkeit hat: denn darauf läuft ja doch im Wesentlichen der Aerger des »Kritikers« hinaus.

Nun mochte der Dr. phil. auch wohl selbst dunkel empfinden, dass ein wirklicher Versuch von seiner Seite, den eigentlichen Inhalt des Nietzsche'schen Buches auch nur anzugreifen, etwas durchaus lächerliches haben müsse. Im Ganzen also begnügt er sich hier mit Schmähungen, und scheut es sogar nicht, zum Schluss ausdrücklich seine Unfähigkeit, in den Ernst solcher Kunstbetrachtung einzudringen, recht behaglich zu bekennen, indem er, mit den Worten der Vorrede unsres Freundes, eingesteht, dass ihm die Kunst immer nur »ein lustiges Nebenbei, ein recht wohl zu entbehrendes Schellengeklingel am Ernst des Daseins« sein werde. Also ganz wie der Goethesche Philister: »der mag wohl zu entbehren sein, der bunte Trug, der leere Schein«; und so möge denn der Herr Dr. die Antwort der Iris auf jene gesunde Philisterweisheit auch sich gesagt sein lassen.

Da er nun doch daran verzweifelt, durch einen ehrlichen Kampf gegen den eigentlichen geistigen Gehalt des Buches dem Credit unsres Freundes nach Wunsch schaden zu können, so richtet er seinen Angriff vornehmlich gegen eine Seite des Buches, wo er hoffen durfte, sich harmlosen Lesern gegenüber einen Anschein von Competenz geben zu können. Ein gebildeter Leser, der aber nicht gerade zunftmässiger Philolog ist, wird sich, so klar er im Uebrigen die völlige Inferiorität dieses »Kritikers« erkennt, doch beugen müssen, wenn dieser sich in seiner Eigenschaft als Dr. phil. introducirt, und durch einen Haufen gelehrt aussehender griechischer Citate zu zeigen unternimmt, dass alle die geistreichen Gedanken des Autors auf einer fast unbegreiflichen, weil selbst von einem beliebigen Dr. phil. aufzudeckenden Ignoranz, verbunden mit einer selbst durch diesen Dr. phil. nicht zu überbietenden Neigung zur Unwahrheit beruhen. Das Unternehmen gemuthet Einen freilich etwa, als ob ein armseliger Schuster, der allenfalls ein Paar Schuhe nothdürftig zu flicken und zu versohlen verstehen mag, das eherne Bildwerk eines Künstlers censiren zu können meinte, weil dieses Bild ja doch auch Schuhe trägt; gleichwohl ist es seiner Wirkung nach ganz wohl berechnet. Es speculirt nämlich auf die grosse Mehrzahl unsrer philologischen Berufsgenossen, denen durch eine solche wissenschaftlich schillernde Scandalschrift, selbst wenn sie von ihr nur nach Hörensagen wissen, die Meinung beigebracht wird, als ob in dem also verläumdeten Buche höchst bedenkliche, für die »gesunde Geistesklarheit« durchaus nicht zuträgliche Irrlehren mit der

8

Naivetät eines gänzlich ignoranten, dilettirenden Kunstlitteraten auf
das Alterthum übertragen würden. Die Lectüre der Nietzsche'schen
Schrift selber wird ihnen danach zum Wenigsten ganz unnütz, die
tiefen und fruchtbaren Gedanken, die in ihr, für dunkle Probleme
unsrer Wissenschaft lichtbringend, dargeboten werden, keiner Beachtung werth erscheinen; und so wäre denn die bedeutende Wirkung gänzlich verhindert, die man erwarten durfte von einem solchen
aus ernstem und innigem Herzen geschöpften und gewiss nicht ohne
Selbstüberwindung an das kalte Licht unsrer Oeffentlichkeit gegebnen
Buche eines jener wenigen Philologen, die noch mit allen Fähigkeiten einer hoch gestimmten Seele sich der Betrachtung alter Kunst
ergeben, und aus der vertieften Beschauung dieser ewig klaren, ewig
räthselhaften Wunderbilder Norm und sichre Belehrung über die un-
sicher schwankenden Erscheinungen neuerer Zeit gewinnen können.
Eine solche Wirkung will eben der Pasquillant verhüten; und dazu
hat er, mit wenig beneidenswerthem Instinct, seine Mittel nicht un-
geschickt gewählt. Denn in der That: wenn unser Freund sein
Werk auf einem so morschen Grunde der Ignoranz und Lügenkunst
errichtet hätte, wenn er wirklich zu jener wunderlichen Secte so-
genannter Litteraten gehörte, die da ernten zu können meinen, wo
sie nicht gesäet haben, — so wäre sein Buch der Beachtung eines
Philologen nicht werth. Nun ist zwar für einen seiner eignen Wissenschaft nicht völlig unkundigen Philologen nichts leichter einzusehen,
als die völlige Nichtigkeit der von dem Pasquillanten zum Beweis
jener Beschuldigungen vorgebrachten Gründe. Es ist daher auch
nicht im Mindesten zu befürchten, dass irgend ein ernsthafter Ge-
lehrter, bei eingehender Prüfung, sich durch den Hagel von Citaten.
an der ausgefahrenen Landstrasse der gewöhnlichsten Hülfsbücher
aufgelesen, mit dem der Dr. phil. dem wissenschaftlichen Credit
unsres Freundes den Garaus zu machen sucht, darüber täuschen
lasse, dass nur die eigne Unreife dem Angreifer hinderlich war, die
Gründe der Behauptungen zu erkennen, die unser Freund, nach
dem Plane seines Buches, ohne gelehrten Beweis hinstellen musste.
Mit Recht aber rechnet der Pasquillant darauf, dass die Meisten
sich auf eine eingehende Prüfung nicht einlassen, sondern höchstens
von seiner Schmähschrift flüchtige Kenntniss nehmen werden: denn

so ist, zu Gunsten der Verläumder, der Lauf der Welt. Da wird denn
die unerhörte Dreistigkeit, mit der dort die unreifste Unwissenheit
ihren Kram auslegt und den Gegner lästert, Viele bestimmen, auch
an die philologische Verwerflichkeit eines so grimmig angefeindeten
Autors zu glauben, der ihnen freilich, selbst wenn ihnen sein Buch
wirklich bekannt wäre, aus andern Gründen mannichfach bedenklich
erscheinen müsste. Der grossen Mehrzahl heutiger Philologen wird es
nämlich schon völlig paradox erscheinen, dass überhaupt ein Schriftsteller den ernstlichen Versuch machen könne, die philologische
Wissenschaft zu mehr als einer blossen Uebung des Scharfsinnes und
des Gedächtnisses zu verwenden, vielmehr über diese schätzbaren und
unentbehrlichen Fähigkeiten hinaus an höhere Erkenntnissvermögen
zu appelliren, und schliesslich denn auch — nach dem Worte des
Gorgias — nicht um die Mägde, sondern um die erlauchte Penelope
selbst zu werben, nämlich um den höchsten Preis der Alterthums-
studien, ein Verständniss der edelsten Kunstwerke, das selbst wieder
zu einem künstlerischen Dasein fruchtbar anleiten könne. Wie wird
ihnen aber vollends zu Muthe werden, wenn sie von dem Pasquillanten erfahren, dass unser Freund seine Einsichten in das Wesen
der Musik und der tragischen Kunst aus den Lehren A r t h u r
S c h o p e n h a u e r ' s gewonnen habe? Man braucht nur diesen
Namen zu nennen, um bei der grossen Majorität der »Gebildeten«
sofort die Erinnerung an gewisse auffallende Extravaganzen wach zu
rufen, die man, verkehrt genug, als den Kern der Schopenhauer-
schen Lehre zu betrachten gewohnt ist, und auf die man halb mit
einem Grauen des Abscheus, halb mit dem wohlthuenden Gefühl
des selbstgerechten Pharisäers hinblickt, da man ja, Gott sei Dank,
selber zu den »bessern Menschen« gehört. Auf diese, ihm sehr ge-
läufigen Gefühle der Menge speculirend, bricht denn der Pasquillant
auch gleich auf der ersten Seite die Gelegenheit vom Zaune, Schopenhauer zu insultiren. Unser Freund preist die tragische Kunst als die
E r l ö s e r i n von buddhistischer Willensverneinung, und hat diesen,
sein ganzes Buch durchziehenden Gedanken auf p. 118. 119 ausdrücklich und selbst für einen ganz verkrüppelten Verstand deutlich
genug ausgesprochen. Dennoch findet es der Dr. phil. angemessen,
mit vollständiger Umkehrung der Wahrheit, den »tragischen Men-

schen« für identisch mit dem buddhistischen zu erklären, und an
diese Unwahrheit folgende Bemerkung zu knüpfen: »Nirvana natürlich nicht als das, was es historisch betrachtet ist, sondern wie es
im metaphysischen Dunstkreis scheint, genommen«. Entweder sind
diese Worte gänzlich in den Wind geredet, oder sie richten sich
gegen Schopenhauer's, jedenfalls von unserm Freunde getheilte
Meinung, dass das buddhistische Nirvana keineswegs ein absolutes
Nichts bezeichne, sondern nur ein relatives, eine Negation aller
Eigenschaften der Erscheinungswelt. Die erste Möglichkeit wäre
freilich ganz der Art dieses kritischen Windbeutels entsprechend;
indessen lässt doch auch die Ausdrucksweise jene Bemerkung als
gegen Schopenhauer gerichtet erscheinen, als welche völlig in dem
wegwerfenden Ton gehalten ist, den gegen diesen Einen unter den
grossen Denkern jeder gedankenlose Tropf sich herauszunehmen zu
dürfen glaubt. Der Herr Dr. mag in irgend einem Handbuche aufgelesen haben, dass nach heutiger buddhistischer Lehre Nirvana
allerdings das absolute Nichts bezeichne: gar zu vorschnell aber benutzt er die Gelegenheit, diese wohlfeile Weisheit mit einer Insulte
gegen Schopenhauer zu verbinden. Denn wenn man die Bedeutung
von Nirvana wirklich »historisch betrachtet«, so stellt sich vielmehr heraus, dass es im Munde des Gotama Buddha selbst, ganz
wie Schopenhauer annimmt, ein relatives Nichts bezeichnet, und
erst durch spätere Grübler zu einem absoluten Nichts fortgebildet
wurde: worüber der Dr. phil. seine anmaassende Unwissenheit durch
Max Müller. Buddha's Dhammapada p. XXXIX—XLVII belehren
lassen mag. Ich habe dieses Beispiel hervorgehoben, weil es Ihnen,
gleich am Eingange, als eine Probe dienen kann für die Weise, in
der sich in dem ganzen Pasquill Unwissenheit, geflissentliche Ver-
läumdungskunst und Speculation auf blinde Abneigungen des grossen
Publicums zu einem anmuthigen Ganzen verschlingen.

Wenn man nun aber auch unserm Freunde die verpönte Scho-
penhauersche Philosophie zu seinem Privatgebrauche allenfalls ver-
statten möchte, so werden doch nicht nur so völlig urtheilslose Leute
wie der Dr. phil., sondern auch ernsthaft gebildete Philologen die
Anwendung der von dorther gewonnenen Gedanken auf die Betrachtung des Alterthums, als der Objectivität einer rein historischen

Wissenschaft unzuträglich, verwerfen. In Wahrheit aber könnte nur
die Aufrichtigkeit, mit der unser Freund sich als einen Schüler und
Anhänger Schopenhauers dankbar bekennt, ungewöhnlich erscheinen,
gegenüber der naiven Unklarheit, mit der ein Jeder, ohne immer
deutliches Bewusstsein, seine eignen Lieblingsvorstellungen auf das
Alterthum überträgt. Denn eine solche Objectivität, die selbst in
der Ergründung des geheimsten Wesens antiker Kunst nur auf »Zeugnisse« sich zu stützen vorgiebt, ist im Grunde rein illusorisch. Wir
stehen dieser zertrümmerten Wunderwelt alterthümlicher Herrlich-
keit nicht anders gegenüber als der gesammten Natur der Dinge:
hier wie dort drängt sich uns eine unverbundene Unendlichkeit einzelner Gegenstände auf, für die wir uns innerlichst angetrieben
fühlen, eine Einheit zu suchen, die wir doch wiederum nur aus
einer, in uns selbst entstandenen Einheitlichkeit der anschauenden
Erkenntniss gewinnen können. Man kann auf diese zerstreuten
Bruchstücke antiker Tradition anwenden, was Montaigne trefflich
sagt: Il est impossible, de ranger les pièces, à qui n'a une forme
du total en sa teste. Daher denn die zahlreichen Versuche, aus den
verschiedensten Weltanschauungen jene höchste Cultur des alten
Hellas zu begreifen, der man sich denn doch mit ganzer Seele nahen
möchte. Wenn nun aber, bei einem ernsten Versuch einer wirklichen Anschauung dieser fremden Welt, Niemand das angeborne
und durch Nachdenken ausgebildete innerste Wesen seiner ganzen
Geistesart verläugnen kann, so wird die Quelle seiner allgemeinsten
Vorstellungen in wirklicher oder affectirter Gedankenlosigkeit zu
verheimlichen jedenfalls derjenige am Wenigsten verpflichtet sein,
der, in der gegenwärtigen Verwilderung der Gedanken und Meinungen, sich noch Kraft genug bewahrt hat, um einem jener wenigen
grossen Geister, durch die allein, nach Schiller, die Menschheit sich
fortpflanzt, auf die einsame Höhe seiner weitumschauenden Weltbetrachtung folgen zu können. Denn mag man auch zugeben, dass
in der immer lebendig erhaltenen Nöthigung zu einer höchst mannichfaltigen Betrachtung jener vorbildlichen Kunstwelt des hellenischen Alterthums vielleicht gerade das eigentlich Bildende für so
viele Generationen der Menschen liege, so wäre es doch absurd
zu glauben, dass jede der vielen möglichen Betrachtungsweisen mit

gleichem Rechte behaupten dürfe, sich dem innersten Sinne der Griechen wirklich genähert zu haben. Vielmehr darf nur derjenige sicher sein, von jenem antiken Geiste, durch den die alternde Menschheit immer wieder eine Belebung ihrer gesunkenen Fähigkeiten erwartet, einen Hauch verspürt zu haben, welcher in der eignen Auffassung aller tiefsten Welträthsel Motive zu finden vermag, aus denen ihm vor Allem die Entstehung der wunderbarsten, den Griechen allein eigenthümlichen, Kunstart wirklich begreiflich und für sein Verständniss ehrlich gerechtfertigt wird. Hier sind offenbar diejenigen gänzlich abzuweisen, die wie der Dr. phil. mit dem gesinnungstüchtigen Hochgefühl des fortschrittlichen Biedermannes der »Jetztzeit« auf diese guten alten Griechen hinsehen. Gerade sie, die sich für völlig neutrale Spiegel des wahren Alterthums halten möchten, sehen wahrlich die rohe Empfindungsarmuth. die schaale Leere ihres eignen Innern, die banausische Beschränktheit ihrer Gesinnungen erst in das Alterthum hinein ; und der sittig muntre Schäker, als welchen sie uns die Griechen der besten Zeit darzustellen lieben, hat in Wirklichkeit mit dem Urbild eines Zeitgenossen des Aeschylus nicht mehr Aehnlichkeit als der Affe mit Herakles, ja, weniger noch, etwa so viel Aehnlichkeit als der Dr. phil. von Wilamowitz mit dem Typus des »sokratischen Menschen«, den unser Freund als den »erlauchtesten Gegner« einer künstlerischen Cultur bezeichnet, und mit welchem, spasshafter Weise, der Dr. phil. sich und seines Gleichen bezeichnet meint. In Wirklichkeit hat die Art eines solchen trocknen Gesellen, der wohl gar noch seine gedankenlose Unwissenheit als eine besondre Gunst des Himmels preisen möchte, mit einer wahren, seelenvollen Alterthumskunde so wenig zu thun, dass man sie, zu Ehren unsrer Wissenschaft, überhaupt gar nicht als Philologie, der Gegenwart oder der Zukunft, sondern nur als eine Parodie auf alle ächte Philologie, ein hässliches Zerrbild einsichtiger Kritik, eine wahre Afterphilologie zu bezeichnen hat. Einem solchen »Heitern« mag denn freilich alles »selbstverständlich« sein, gleichermaassen das Wesen · und Weben dieser unergründlich geheimnissvollen Welt, wie die Entstehung der hochgepriesenen tragischen Kunst, die, in einem Schwesterbunde aller höchsten musischen und mechanischen Künste, in leibhaft

bewegten Bildern des tiefsten Jammers, Leidens und Unterganges
des Edelsten, für diese Welt viel zu Grossen und Reinen, dem un-
widerstehlich ergriffenen Hörer eine unverständlich gewaltige Lust
der Schmerzen erweckt. Schon den Alten aber schien das Wesen
dieser wunderbaren tragischen Lust höchst dunkel und geheimniss-
voll (wie namentlich der Platonische Philebus zeigt), und wer, einmal selbst von ihr ergriffen, sich vergebens nach der verborgenen
Art dieser despotisch in ihre Kreise zwingenden widerspruchsvollen
Kunst gefragt hat, der wird wohl wahrlich den verlachen, der, nach
einer Aufzählung der dürren Notizen, die uns ein karges Schicksal
gegönnt hat, die Entstehung dieser tragischen Kunst unter dem ja
bekanntlich so harmlos heiter und vergnüglich dahin vegetirenden
Griechenvolke für erklärt hält. Einen wirklichen Aufschluss wird er
nur von demjenigen erwarten, dem es gelänge, in die ursprünglichen,
tieferregenden Bewegungen, aus denen zu einer ganz bestimmten
Zeit zum ersten Male diese unerklärliche Kunst der Schmerzens-
freude in Griechenland, zum Heil der Welt, erstand, mit sympathi-
scher Empfindung einzudringen. Während man nun ehrlicher Weise
gestehen muss, dass dazu die bisherige Philologie gar keinen ernstlichen Versuch gemacht hat, gewinnt eben hierfür unser Freund die
Möglichkeit aus jenen tiefen Einsichten Schopenhauers in das
innerste Wesen der Musik. Niemand kann leugnen, dass Alles, was
wir über die geschichtlichen Anfänge der Tragödie wissen, gebie-
terisch dazu auffordert, sich den innerlichen Zusammenhang des
Dramas mit dieser seiner Mutter, der Musik, klar zu machen; nur
der Unverstand aber wird fordern, dass man bei einem Versuch,
diese Entstehung der Tragödie aus der Musik durch die Schopenhauer'sche Theorie vom Wesen der musikalischen Kunst begreiflich
zu machen, »Zeugnisse« beibringe, dass auch den Griechen die Bedeutung und innere Art der Musik in derselben Weise klar geworden
sei, wie sie von Schopenhauer's genialem Tiefblick erkannt wurden.
Ist denn die Musik selbst durch Schopenhauer's Erkenntniss eine
andre geworden? Ist nicht ihr ewiges, unveränderliches Wesen über
allem Wechsel ihrer historischen Entwickelung erhaben? Wenn uns
also die Griechen nur berichten, ihre Tragödie sei aus der Musik,
aus lyrischen Ergüssen des Dionysusdienstes hervorgegangen, und

alle Zeit mit der Musik im engsten Bunde geblieben: so könnten sie
daran sogar jene tiefsinnig weisen Betrachtungen über das Wesen
dieser Musik knüpfen, die man uns heutzutage als Aufschlüsse über
das »musikalisch Schöne« darbietet, und uns bliebe trotzdem das
Recht, jene musikalisch-schönen Theoreme abzuweisen und mit
Hülfe der Schopenhauer'schen Einsichten ein tieferes Verständniss
der Musik und im Besonderen ihrer Fähigkeit zur Erzeugung der
Tragödie uns zu erringen. Hier hilft also jenes, zur Abwehr einer
unbequemen Wahrheit so trefflich geeignete, scheinbar so sehr
»wissenschaftliche« Rufen nach Zeugnissen gar nichts: gegen die
Schopenhauer'schen Erkenntnisse selbst müsste sich der Angriff
richten. Die aber werden wohl so leicht nicht umzustossen sein.
seitdem Sie selber, verehrter Meister, ihrer bleibenden Wahrheit das
allergültigste Zeugniss ausgestellt haben. Schade ist es, dass hierbei
der Herr Dr. von Wilamowitz nicht befragt worden ist; aber trotz
seiner Verwunderung, sich also übergangen zu sehen, wird es für
Einsichtige doch dabei bleiben müssen, dass bei der Frage nach
dem Wesen der geheimnissvollsten Kunst neben dem philosophischen Genius allein dem grossartig schöpferischen, seiner Kunst mit
tiefstem Liebesverständniss zugewandten Künstler eine entschei-
dende Stimme gebührt, und dass eine Einstimmigkeit dieser Beiden
allerdings die also gefundene Einsicht zu einer »ewigen Wahrheit«
macht, die nicht einmal von einer ganzen Verschwörung musikalischer Schönheitskrämer, geschweige von irgend einem beliebigen
dissentirenden Pasquillanten beseitigt werden kann. So ist denn
auch für den eigentlichen Entstehungsprocess des dramatischen
Kunstwerkes unendlich aufklärender als alle kahlen Betrachtungen
draussenstehender Moralästhetiker die einzige, von unserm Freunde
hervorgehobne kurze Andeutung Schiller's von der musikalischen
Stimmung, die bei ihm der poetischen Idee vorauszugehen pflege*).
Nur demjenigen werden die stummen Zeugnisse von den Incunabeln

---

*) Ich erinnere mich, irgendwo ein ganz ähnliches Selbstbekenntniss des
Dramatikers Otto Ludwig gelesen zu haben. Und der edle Vittorio Alfieri
schreibt (Vita cap. 5): Quasi tutte le mie tragedie sono state ideate da me o nell'
atto del sentir musica o poche ore dopo. Eine verwandte Aeusserung des grossen
Tragikers H. v. Kleist steht bei Bülow, K's. Leben u. Briefe S. 64.

15

der tragischen Kunst zu beredten Zeugen werden, der vor Allem
jenen seltnen Offenbarungen philosophischer Genien und grosser
Künstler über das ewige Wesen der Kunst nachgesonnen hat.
Wenn ich nun, dem ganz frivolen Angriff des Dr. phil. gegenüber, nachweisen will, dass unser Freund keineswegs, von seinen
philosophischen Voraussetzungen fortgerissen, die historische Grund-
lage seiner Untersuchungen vernachlässigt habe, so geschieht dies
im Wesentlichen darum, weil ich den Philologen wenigstens diesen
Einen Grund oder Vorwand, sich der Wirkung des Buches zu ent-
ziehen, nehmen möchte. Ich durfte mich zu einer solchen Abwehr
für berechtigt, ja für verpflichtet halten, nicht nur durch mein philo-
logisches Bewusstsein von der festen Begründung der Nietzsche'schen
Ansichten, sondern ganz besonders noch durch den kümmerlichen
Spott, mit dem der Pasquillant gelegentlich auf die in dem Buche
wiederholt angeredeten F r e u n d e des Autors hinzublicken sich erlaubt hat. Ich bin stolz und glücklich, mich zu diesen Freunden
zählen zu dürfen, und denke meinerseits einem solchen Freunde
Treue zu halten trotz aller scheelsüchtigen Verläumder. In Wahrheit
müssen durch einen solchen Angriff auch die Freunde des Autors
sich mitbeleidigt fühlen, falls man nicht unter Freundschaft jene
lauwarmen, klug temperirten Empfindungen versteht, die sich so oft
wohl gar für die »wahre« Freundschaft ausgeben möchten. Und so
wird es auch für Ihr Gefühl keiner weitläuftigen Rechtfertigung
bedürfen, wenn ich diese philologische Vertheidigung unsres Freundes zunächst an Sie, verehrter Meister, richte. Denn wenn derselbe,
im richtigen Bewusstsein, nicht für Alle und Jeden des unterschiedslos
gemischten Publicums gleich verständlich zu sein, diese Gedanken
seiner tiefsten Seele, über die Köpfe lauernder Kritiker hinweg,
einem Freundeskreise zu mitverstehendem Genusse vorlegte, so ge-
hören sie doch vor allen Andern Ihnen in jedem Sinne an. Müssen
also auch Sie in einer böswilligen Verkennung des Freundes sich
mitverletzt fühlen, so darf sich sicher eine Vertheidigung, die eben
nur die Seite schützen kann auf die der Angriff stattgefunden hat,
Ihrer freundlichen Theilnahme empfehlen. Ein wenig darf ich auch
wohl immerhin auf die Reste philologischen Interesses zählen, die
Ihnen Ihre Leipziger Schulmeister übrig gelassen und im späteren

Leben eine in dieser Zeiten Barbarei immer neu erwachende Sehnsucht kräftiger genährt hat: und so getröste ich mich denn günstigen
Bescheides, wenn ich Sie auffordere, einmal mit mir einen Ritt in's
alte, etwas staubig trockne Land der philologischen Erudition zu
thun. Sie werden danach desto lieber zu den reicher blühenden
Gedanken im Buche unsres Freundes zurückkehren.

Wenn wir uns nun anschicken, das von dem Pasquillanten Vor-
gebrachte im Einzelnen zu prüfen, so sind Sie doch gewiss mit mir
darin einverstanden, dass wir die Buffonerien und platten Armselig-
keiten kurzweg bei Seite schieben, die er an vielen Stellen, wie
wichtige Entdeckungen, mit prätentiöser Feierlichkeit ore rotundo
vorträgt: z. B. über das Wesen der »historisch-kritischen Methode«,
über Winckelmann's Kunstbetrachtung und eine »Schönheit meinthalb ohne Ethos« *), über den »meinthalb dionysischen Urquell«,
über das Wesen der griechischen Götter, die »harmlosen und
ahnungslosen« Heiterkeitsgriechen, zu denen auch der immer fidele
Sophokles, der Dichter der so vergnüglich heitern Antigone und
des König Oedipus gezählt wird u. s. w. Alle diese weisen Betrachtungen, freigiebig gespendete hors d'oeuvre, wollen wir unberührt
denjenigen überlassen, die etwa Lust hätten, sich ein wohlversehenes
Trivialitätencabinet anzulegen. Auch an dem, was der Pasquillant
über das Wesen des Traumes vorbringt, wollen wir uns nicht ver-
greifen. Er leugnet die Verwandtschaft des Traumes mit der
geistigen Thätigkeit des epischen und plastischen Künstlers, und wir
wollen mit ihm darüber nicht rechten: was soll auch dem Blinden
der Spiegel, fragt Epicharm. Die Alten aber müssen doch nicht
ganz der Meinung des Herrn Dr. gewesen sein: wie wären sie sonst
darauf verfallen, Hesiod, Callimachus **), Ennius im Traume zu
Dichtern werden zu lassen? Was mag nur der dumme Parrhasius
gedacht haben, als er in einem noch erhaltenen Epigramm aussprach,

---

*) Die »Schönheit ohne Ethos« gehört dem Aristoteles an; nur das herr-
liche »meinthalb« hat der kritische Doctor aus eignem Vorrath gespendet.
**) Vgl. Dilthey, Callim. Cyd. 15.

dass er die Gestalt des Herakles so gemalt habe, wie sie ihm oft im Traume erschienen sei? Gewiss hielt er, mit Euripides und seinem Dr., die Traumbilder für »nachtäugige Vergessenheit« *). Gewiss war dies auch die Meinung der Gläubigen, die in Troezen auf Einem Altar den Musen und dem Schlafe opferten, »weil der Schlaf den Musen am meisten Freund sei« **).

Wenden wir uns aber zu den rein historischen Bemerkungen des Dr. phil., so tritt uns gleich am Anfang die unehrliche Unwissenheit entgegen, deren er sich mit Vorliebe als Kampfmittels bedient. Unser Freund hatte, um den frohen Glanz der homerischen Welt als einen nicht über Nacht vom Himmel gefallenen sondern als einen schwer errungenen Sieg über ganz anders geartete, schrecklich finstere Vorstellungen alter Vorzeiten zu erweisen, unter anderm auch auf die Sagen von den, v o r dem Regiment des Zeus liegenden furchtbaren Titanenkämpfen hingewiesen. Der Pasquillant erwidert: »Es darf als ausgemacht gelten, dass die Titanomachie, nun gar die hesiodischen Dynastien und Genealogien dem hellenischen Bewusstsein theils ferner liegen, theils erweislich jünger sind, als der olympische Götterkreis Homers : geschweige, dass es je eine Zeit gegeben hätte, wo ein Hellene, unbekannt mit Zeus Athena Apollon, einem Uranos oder Kronos oder gar Erikapaios und Phanes geopfert hätte«. Scheiden wir die, mit bewusster Unredlichkeit eingeschmuggelten, dieser Frage ganz fremden hesiodischen Dynastien und die orphischen Monstra Ericapaeus und Phanes aus, so bleibt die artige Behauptung übrig, dass die Titanomachie »erweislich jünger« sei »als der olympische Götterkreis Homers«. Es giebt nichts Unwahreres als diese Behauptung; indess der Dr. phil. weiss sich selbst noch zu überbieten, in der zum Beweis dieser Behauptung angefügten Anmerkung. Dort heisst es: Aristarch und Lachmann »haben wohl er-

---

*) Diese »Vergessenheit« λαθοσύνα setzt der historisch-philologische Musterkritiker nicht ganz ohne Tendenz in der von ihm citirten Stelle des Euripides (Iphig. Taur. 1279) wieder in ihre alten Rechte ein, da die ganz offenbar richtige, nur von Einem der neueren Herausgeber nicht aufgenommene Lesart μαντοσύναν νυκτωπόν »nachtäugige Wahrsagekunst« ihm ein viel zu schmeichelhaftes Beiwort dünkte.

**) Pausanias II 31, 3; sinnreich ausgelegt von Welcker, Griech. Götterlehre III 102.

kannt, dass die Stücke, wo eine ähnliche Auffassung der himmlischen Dinge hervortritt, z. B. das fünfte und dreizehnte Lied, zumal die Theomachie dem wahrhaft Homerischen fremd, meist jünger gegenüberstehen«. Auch hier jene plumpe Verwirrung der Fragen. Das 13. Buch der Ilias hat sowenig wie das 20. (die Theomachie) mit der Frage nach dem Alter des Titanenmythus das Geringste zu thun, denn in beiden findet sich nicht die leiseste Hindeutung auf den Titanenkampf. Dieser wird dagegen auf das Unzweideutigste erwähnt im 5., 8., 14., 15. Buche. Aber Aristarch soll ja »erkannt« haben, dass (von Buch 8, 14, 15 abgesehen) wenigstens das fünfte Buch »dem wahrhaft Homerischen fremd gegenübersteht«. Die fraudulente Unbestimmtheit dieser Ausdrücke soll offenbar die unsägliche Dreistigkeit einer solchen, vollständig aus der Luft gegriffenen Behauptung verhüllen; aber selbst wenn wir dieses »fremd« im laxesten Sinne auffassen, so suchen wir doch in den Homerscholien und sonstigen Resten alexandrinischer Erudition vergeblich auch nur nach der entferntesten Andeutung dafür, dass der grosse und besonnene Kritiker jemals eine solche leichtfertige und zudem so einfältige Ansicht geäussert habe. Was halten Sie aber von einer Polemik, die von solchen saubern Erdichtungen leben muss? Was dieser Pasquillant im Uebrigen für »ausgemacht« halten mag, darf uns gar nicht kümmern; über das vorhomerische Alter des Titanenmythus aber lassen die Untersuchungen wirklich competenter Richter, so genauer und tiefer Kenner der griechischen Mythologie wie Schömann, Preller und Welcker einem Vernünftigen nicht den leisesten Zweifel.

Es wird uns nun nicht weiter verwundern, dass der Pasquillant, mit offenbarer Fälschung, unsern Freund die Sage vom Geschlechtsfluch der Atriden für vorhomerisch ausgeben lässt: warum sollte es ihm besser ergehen, als dem Aristarch? Auch das ist ja so natürlich, dass der Ausdruck »die schwermüthigen Etrusker« die Unwissenheit des Pasquillanten zu dem verwunderten Ausrufe hinreisst: »die schwermüthigen Etrusker! nun, man lese Athenaeus XII 517«. Dort wird ein Bericht des Theopomp mitgetheilt, der den Etruskern die ausgelassenste Schwelgerei in allen erdenklichen Lüsten nachsagt. Wir wollen es der Schülerweisheit des Dr. phil.

nachsehen, dass er nicht wusste, wie dieser Bericht von Niebuhr, Dennis und Anderen gerade darum für einen verläumderischen erklärt worden ist, weil sein Inhalt allem, was wir im Uebrigen von den Sitten der Etrusker wissen, völlig widerspricht. Man könnte, mit gleichem Rechte und gleich profunder Ignoranz, demjenigen. der etwa von der erhabenen Seele des Demosthenes redete, erwidern : »die erhabene Seele des Demosthenes! nun, man lese Athenaeus XIII 592 F«. Es gab eben im Alterthum wie heutzutage genug niedrig Gesinnte, denen solche Verläumdungen fortzupflanzen besondres Behagen gewährte. Wer aber, wie dieser Dr. phil., bei solcher Unreife der Bildung, auf Lobeck's, trotz aller Einseitigkeit seines spröden Rationalismus auf immer bewundernswerthen Aglaophamus sich wiederholt zu berufen die Verwegenheit hat, der sollte sich doch auch gesagt sein lassen, was dort auf S. 1025 über den unglaublichen Leichtsinn bemerkt ist, mit dem schwatzhafte Graeculi den Verdacht eines schwelgerisch unsittlichen Lebens ungerechtfertigter Weise auszusprechen pflegten. »Schwermüthig« übrigens darf man ja wohl ein Volk nennen. das in seiner Religion auf den traurigen und bedrohlichen Seiten des Daseins mit beharrlicher Vorliebe verweilte, und auch von den Griechen (worauf unser Freund anspielt) gerade nur die finstersten Bilder einer nächtigen Todesphantasie entlehnt hat.

Was der Pasquillant über die Dichtungsweise des Archilochus bemerkt, ist überhaupt nur zu verstehen, wenn man es als das Elaborat eines von seinen Hülfsbüchern verlassenen, der unmittelbaren Quellen ganz unkundigen Anfängers betrachtet. Zunächst stösst er sich daran, dass unser Freund behauptet hat, durch Archilochus sei das Volkslied in die Litteratur eingeführt worden. Natürlich steht nun das nicht mit dürren Worten in den antiken Berichten zu lesen : jeder Andre als der Herr Dr. phil. würde aber sich wohl selbst gesagt haben, dass dieser Satz auf Leser berechnet sei, die genug sale in zucca haben, um ihn cum grano salis zu verstehen, also gewiss nicht auf einen Ignoranten, der sich zudem noch besonders geistreich vorkommt, wenn er sich die »so zu sagen autorlose Poesie« der Volkslieder, ohne Thätigkeit eines menschlichen Individuums, wie den Salat aus der Erde hervorgewachsen denkt. Dass nun, gegenüber der feierlichen Sacraldichtung des Terpander und seiner Nachfolger.

durch Archilochus zuerst die, ganz zutreffend mit unserm Liede
zu vergleichende Dichtung des Volkes kunstmässige Entwicklung
gefunden habe, ist denn doch eine Thatsache, die namentlich nach
Welcker's Forschungen einem halbwegs gebildeten Philologen nicht
so ganz fremd sein sollte, und die der Pasquillant wohl etwas weniger
unbegreiflich gefunden haben würde, wenn ihm Rudolf West-
phals Geschichte der alten und mittelalterlichen Musik bekannt
gewesen wäre, in der auf S. 116 gerade diese Einführung des
Volksliedes in die Kunstdichtung, mit richtiger Einsicht, dem
Archilochus zugeschrieben wird. Ebenderselbe treffliche Kenner
alter Musenkunst erlaubt sich auch darin von dem gelehrten Dr. phil.
abzuweichen, dass er eine strophische Gliederung der Archilocheischen
Gedichte annimmt (S. 130), und natürlich wurde er dazu bewogen
durch die ganz entschiedene Ueberlieferung von einer musikalischen Vortragsweise dieser Gedichte. Von dieser weiss nun freilich der Pasquillant gar nichts; aber soll denn unser Freund dafür
aufkommen, dass irgend ein anmaassender Ignorant die Plutarchische
Schrift über die Musik nicht gelesen hat? In dieser wichtigsten Ur-
kunde für die Geschichte der griechischen Musik nimmt Archilochus
einen bedeutenden Platz ein, da er doch darin gar nichts zu suchen
hatte, wenn er nicht vor Allem in der Entwicklung der Musik eine
wichtige Thätigkeit entfaltet hatte. Aus dem 28. Capitel jener Schrift
konnte der Dr. phil. unter anderm lernen, dass Archilochus zuerst
eine Instrumentalbegleitung anwendete, die von den Tönen
des Gesanges abwich; und vielleicht wird sogar dieser Dr. einsehen, dass eine solche Notiz sinnlos ist, wenn die Gedichte selbst
nicht zum musikalischen Vortrag bestimmt waren. Im 10. Capitel
derselben Schrift erzählt Plutarch, dass Thaletas, der Begründer der
zweiten musikalischen Schule (Katastasis) zu Sparta die Compositionen*) des Archilochus nachgeahmt habe: womit sich die
über alle Maassen einfältige und verkehrte Behauptung des Dr. phil.:
»erst mit der zweiten musikalischen Katastasis kommt Instrumentalmusik auf«, doch vielleicht nicht völlig reimen will. Diese Eine Be-

---

*) τὰ μέλη, ein schwer zu übersetzender Terminus, dessen genaue, nament-
lich in jener Plutarchischen Schrift festgehaltene Bedeutung: Gesänge mit vollständiger Tonsetzung, Ritschl, Opusc. I 247 ff. festgestellt hat.

hauptung lässt in einen ganzen Abgrund des Unverstandes und falschen Wissens blicken. Oder wollte uns der Pasquillant etwa eines
Bessern belehren, gegenüber unserm vortrefflichen Quellen, die uns
melden, dass nicht nur Archilochus, sondern schon Terpander und
Klonas — von noch Früheren zu schweigen — ihre Gesänge mit
Instrumentalbegleitung vorgetragen haben? Er leugnet aber speciell
die musikalische Vortragsweise der Jamben des Archilochus. Wie
nun die Behauptung des Dr. phil. unwahr ist, dass neben den Ge-
dichten in iambischem Maasse die anders gestalteten Metra in den
Resten der Archilocheischen Poesie »völlig zurücktreten«, so ist auch
die allerdings weit verbreitete, und aus den gangbarsten Hand-
büchern denn auch dem Pasquillanten zugekommene Meinung, dass
die Jamben nicht musikalisch vorgetragen worden seien, durchaus
unbegründet. Denn dass allerdings, nach Aristoteles. »von allen
Metren das iambische am meisten der gesprochenen Rede verwandt
ist«, beweist eben so wenig als unser Gefühl von dem, für musikalischen Vortrag nicht immer geeigneten Inhalt der iambischen
Ueberreste des Archilochus; haben uns doch scharfsinnige Untersuchungen erst neulich belehrt, dass noch in den Komödien des
Plautus ganz nüchtern hausbackene Scenen in trochaeischen Sep-
tenaren als cantica, also zum Mindesten melodramatisch vorgetragen
wurden. Nun nennt aber Pindar jenes auch von dem Pasquillanten
angezogene, in Jamben geschriebene »olympische Siegesliedchen«
des Archilochus ein »tönendes Lied«, wonach denn doch wohl dessen
musikalischer Vortrag »nicht in Frage gestellt« sein dürfte. Und was
wir von der s. g. Parakataloge als einer besondern Vortragsart der
Jamben erfahren, die Archilochus erfunden haben soll, dessen
konnte sich freilich der Pasquillant nicht »erinnern«, da er es gewiss
nie gewusst hat; genau betrachtet, spricht aber auch diese Ueberlieferung für einen wesentlich musikalischen Vortrag der Jamben.
Plutarch (über die Musik c. 28) berichtet, dass Archilochus zuerst
gelehrt habe, von iambischen Compositionen einiges zur Begleitung
sprechend vorzutragen, andres zu singen, worin ihm die Tragiker
und Krexos, der Dithyrambendichter, gefolgt seien. Dass hiermit
eben die Parakataloge beschrieben wird, geht aus der scharfsinnigen
Combination von Westphal (Gesch. d. alt. Mus. 117) mit Sicherheit

hervor. Hier ist nun aber ganz klärlich nicht etwa von einem r e c i -
t a t i v a r t i g e n Vortrag die Rede (wie G. Hermann meinte), noch weniger von einem in wunderlicher Weise unrhythmischen Vortrage des
Sprechenden (woran Burette dachte), sondern offenbar von einem
W e c h s e l zwischen eigentlichem Gesang und melodramatischem Vortrage (s. Westphal, Gesch. d. Mus. 132 f. Griech. Metrik I 18): ein
Wechsel, der nach Aristoteles (Probl. 19, 6) in der Tragödie nur beim
höchsten Uebermaass schmerzlicher Leidenschaft angewendet wurde,
und dann ganz ungemein »tragisch« wirkte, eben durch jene Ungleich-
mässigkeit des Vortrags. Sicher war dies ein in der Tragödie und
auch bei Archilochus nur sehr selten verwendetes Mittel, dessen er-
schütternde Wirkung wir uns etwa durch jenen analogen Effect eines
plötzlichen Herausstürzens des Vortrages aus dem Gesang in die
Wortsprache vergegenwärtigen mögen, den Sie selbst, verehrter
Meister, nach einer merkwürdigen Erfahrung, in Ihrer Schrift über
die Bestimmung der Oper uns geschildert haben. Das aber muss
Jeder einsehen, dass ein solcher Wechsel und seine wunderbare
Wirkung nur denkbar ist, wenn der g e w ö h n l i c h e Vortrag jener
iambischen Gedichte ein vollkommen musikalischer, d. h. ein Gesang zur Instrumentalbegleitung war. — Diesen Zeugnissen gegenüber giebt es nun kein einziges für einen n i c h t musikalischen Vortrag der Jamben.

Nach solchen Proben gedankenlosester Unwissenheit des Dr.
phil. kann es sich gewiss nur lächerlich ausnehmen, wenn er unserm
Freund auffordert, Plato's Republik B. III S. 398 D zu lesen, um
in dieser schon so vielfach und bis zum Ueberdruss gebrauchten,
meist missbrauchten Stelle etwas zu finden, was dort gar nicht steht.
Es ist wahr, Plato sagt, in einer Composition müsse Rhythmus und
Harmonie dem zu componirenden Wortinhalte folgen, ihm gefügig
sein. Dasselbe spricht er alsbald auf S. 400 A und D noch einmal
aus: wer aber daraus einen stilo rappresentativo der griechischen
Musik herausliest, der muss eben kein Griechisch verstehen. Richtig
verstanden sagt jene Forderung Plato's nichts aus, als was auch
der reichste Componist poetischer Texte billig unterschreiben sollte.
nämlich dass die Musik dem Texte einen seinem Inhalte entsprechen-
den musikalischen Ausdruck zu geben, nicht aber, ohne den Text

zu berücksichtigen, auf eigne Hand in rein sinnlich musikalischen
Effecten zu schwelgen habe. Was das besagen will, können wir
heutzutage, an Beispielen beider Arten belehrt, wahrlich sehr wohl
verstehen. Auch Plato übrigens spricht diese Forderung offenbar
nur aus, weil sie auch zu seiner Zeit, wo die einzelnen Künste bereits
sich egoistisch zu sondern begannen, nicht mehr überall befolgt
wurde. — Was freilich von dem Dr. phil. in der Erklärung des
Plato zu erwarten sei, zeigt gleich die Fortsetzung der Aufforderung
zur Lesung jener abgenutzten Stelle der Republik. Er meint, die
Trauer- und Klagelieder nehme Plato von dem Gesetz einer Unter-
ordnung der Musik unter das Wort aus. Was sagt aber Plato?
Harmonie und Rhythmus müssen sich der Rede fügen. Klagen und
Jammer aber haben wir vorhin aus den Reden (der Wächter) als
unnütz ausgeschlossen. Folglich müssen auch die für Trauer und
Klage ziemenden Harmonien ausgeschlossen sein. Ist es nun glaub-
lich, dass ein Mensch so einsichtslos sein könne, nicht zu bemerken,
dass diese drei Sätze die drei Glieder einer logischen Schlussfolge-
rung bilden, und dass gerade darum klagende Harmonien verboten werden, weil in den Reden, die nothwendiger Weise über
jene klagenden Harmonien herrschen müssten*), Klagen und Jam-
mern verboten ist? Und gerade nur solche Klagelieder soll Plato
von jener Herrschaft der Rede über die Musik ausgenommen
haben? Das ist vermuthlich auch eine Probe der herrlichen Geistesklarheit dieses »Gesunden«, der sich für einen Sokratiker zu halten
geneigt ist.

Zum Schluss dieser Partie meint der Pasquillant nun gar,
Nietzsche's Erklärung des Ursprunges lyrischer Dichtung durch eine
blosse Erwähnung des Wortes: Elegie! umstossen zu können,
welches Wort er wie ein Medusenhaupt**) unserm armen Freunde

*) Denn reine Instrumentalmusik verwirft Platon, so gut wie eine Poesie
ohne Mithülfe der andern Musenkünste. (Gesetze II S. 669 D. E.)
**) Bei dieser Gelegenheit wollen wir dem Dr. phil. doch das Geheimniss
anvertrauen, dass an der Aegis sich das Medusenhaupt befindet, und dass also
Apollo, wenn er — wie in der Statue des Belvedere, auf die unser Freund S. 8
natürlich anspielt — sich einmal der Aegis zur Abwehr seiner Feinde bedient,
allerdings diesen das Medusenhaupt, als welches allein die versteinernde Wirkung hat, entgegenhält, wenn er es auch nicht gerade »schwingt«, wie der Pas-

entgegenhält. Es will aber keine rechte Wirkung thun, weil es wieder
einmal eitel Blendwerk ist. Hätte unser Freund ein Hülfsbüchlein zur
Belehrung wissenschaftlich Unmündiger schreiben wollen, so würde er
gewiss auch den Dr. phil. über das Wesen der Elegie aufzuklären
gesucht haben. Er würde dann zwar sicher nicht, wie dieser, mit
der Unwahrheit begonnen haben, dass die Elegie die ä l t e s t e hel-
lenische Lyrik sei, dagegen hätte er, zu der Unkenntniss selbst der
ersten Elemente sich herablassend, dem Dr. wohl die Belehrung gegönnt, dass keine lyrische Gattung sicherer aus der Musik entsprungen
ist, als gerade die Elegie; als welche aus dem asiatischen, stets von
Flötenspiel begleiteten Klagelied, genannt Elegos, hervorgegangen ist.
Wenn nun auch später, bei dem so mannichfaltigen Gebrauch elegi-
scher Verse, gewiss mancher Elegiker an Composition seiner Gedichte so wenig dachte, als bei uns mancher Dichter von Liedern, so
hat doch der Pasquillant wiederum die Meinung seiner Hülfsbücher
gar zu eifrig fortgepflanzt, wenn er so kurzweg behauptet: die Elegie
ward nicht gesungen. Für diese allerdings weit verbreitete Meinung
muss vorzüglich eine Stelle des Athenäus zeugen, in der zu lesen
steht, dass Xenophanes, Solon, Theognis, Phocylides, ·Periander
ihre Gedichte nicht in Musik gesetzt haben (XIV 632 D). Was nun
allerdings eine unbillige Forderung an den Dr. phil. wäre, der, wie
wir eben gesehen, sogar mit dem Verständniss der Sprache und der
einfachsten logischen Zusammenhänge noch in bedenklichen Con-
flicten liegt, das darf doch von jedem in der litterarhistorischen
Quellenkritik einigermaassen Geübten erwartet werden, dass er
nämlich leicht erkenne, dass jene Stelle des Athenäus einem Excerpte
aus der Schrift irgend eines späten und unzuverlässigen, durch die
Praxis der a l e x a n d r i n i s c h e n Elegiker zu seiner ungenauen Behauptung verführten Metrikers angehört. Von den vier bei dem Dr.
phil. genannten, angeblich nicht musikalischen Elegikern: Mimnermus, Tyrtaeus, Phocylides und Theognis könnte man höchstens den
Letzten als einen solchen wirklich gelten lassen. Dass die Gedichte
des Mimnermus und Phocylides componirt waren, bezeugt ausdrück-

---

quillant (S. 9 und 18), sogar mit Anführungszeichen, unsern Freund mit be-
liebter Fälschung seiner Worte sagen lässt.

lich der trefflich unterrichtete Peripatetiker Chamäleon bei Athenäus XIV 620 C, von Mimnermus bestätigt dieses auch Plutarch (über d. Mus. 8); von den Elegien des Tyrtäus wird überall so geredet, als ob sie für musikalischen Vortrag bestimmt gewesen wären; zudem heisst er »Flötenbläser« bei Suidas, eben so wie Mimnermus bei Strabo. Und trotzdem war er, wie uns der Dr. phil. belehrt, »kein Musiker«!

Das sind also die gelehrten Grundlagen, auf denen der Pasquillant seine kecken Behauptungen erbaut. Schliesslich aber kommt es hier nur darauf an, dass an der Entstehung der Elegie aus der Musik kein Kundiger je gezweifelt hat; und wenn unser Freund diese Bestätigung seiner Ansicht nicht benutzt hat, so wird das wohl besondre Gründe haben, die ich dem unvergleichlichen Scharfsinn des Dr. phil. zu errathen überlasse.

Wie nun die durch Apollo und Dionysus mythisch verkörperten Kunsttriebe sich, nach anfänglichem Kampfe, allmählich versöhnten und verbündeten, das hat unser Freund nur kurz berührt, um sofort zu ihrem vollen Bündniss in der Tragödie zu eilen. Hier war natürlich für den Dr. phil. eine herrliche Gelegenheit, diese scheinbare Lücke mit den Lumpen und Lappen seiner Bettelcitate zu verstopfen: und so giebt er denn auch richtig auf S. 20 und 21 eine ganze Fluth unverdauter Notizenbrocken von sich, bei deren Anblick man nur, neben dem Ekel über diese wüste Studentenweisheit, sich erstaunt fragt, wozu diese ganze Bescheerung dienen soll. Damit man den Gegensatz apollinischer und dionysischer Musik »nicht zu stark betone«, belehrt uns der Dr. phil., mit der ihm eigenthümlichen Präcision des Ausdruckes. Die meisten Stücke seines Notizenkrams beweisen nun leider gar nichts: denn dass, auch vor dem Eindringen dionysischer Religion in das eigentliche Griechenland, der Aulos dort bekannt, auch der apollinischen Religion und namentlich dem Päan keineswegs fremd, dass überhaupt eine gewisse, nur von der dionysischen sicherlich stark verschiedene Art dieser »Blasemusik« altgriechisch sei, konnte doch selbst der Dr. phil. wissen. Wiederum aus jener nützlichen Schrift des Plutarch über die Musik — aus der er hier selbst eine Stelle citirt — konnte er erfahren, dass Manchen Apoll sogar als »Erfinder« nicht nur der Saiteninstrumente, son-

26

dern auch der Flötenmusik galt (Cap. 14). Was aber aus jenem
Haufen trivialer Citate wirklich hierher gehört, beweist eben nichts
weiter, als was ja auch unser Freund behauptet, dass nämlich im
Laufe der Zeit apollinische und dionysische Kunst' sich aussöhnte.
Der Pasquillant hat irgendwoher auch ein Citat aus Welcker's Alten
Denkmälern abgeschrieben: wäre ihm dieses Werk wirklich bekannt,
so hätte er für diese Vereinigung des Apoll und Dionysus noch viel
schönere Citate zusammenschreiben können. Im ersten Bande der
Denkmäler handelt Welcker (S. 151 ff.) von den beiden Giebelfeldern
des delphischen Tempels, in welchen Apollo mit den Musen und
Dionysus mit drei Bakchen einander gegenüber standen, und führt
bei dieser Gelegenheit zahlreiche Beweise einer innigen Verknüpfung
dionysischer und apollinischer Religion an. Gerade das delphische
Apolloheiligthum begünstigte, einmal dafür gewonnen, den Dienst des
Dionysus so sehr, dass auf seine Empfehlung derselbe in Attika und
anderswo eingeführt wurde. Zu den ganz ungemein zahlreichen schrift-
lich und bildlich *) überlieferten Anzeichen für dieses immer enger
sich gestaltende, so folgenreiche Bündniss der beiden Kunstgottheiten
gehört denn auch die Verbindung, in der wir Dionysus zuweilen mit
den Musen treffen. Von diesen hatten dem Dr. phil. seine Hülfsbücher nichts gemeldet, und so ruft denn dieser tief gelehrte Archäo-
log mit sittlicher Entrüstung: »Herr Nietzsche kennt die Musen in
der Begleitung des Dionysus!« Nach meiner bescheidenen Ansicht
ist es »Herrn Nietzsche« wohl allenfalls zu verzeihen, dass er man-
cherlei kennt, was zu dem Pasquillanten noch nicht gedrungen ist;
aber es ist freilich nicht schön von ihm, dass er auf den Standpunkt eines schlecht vorbereiteten Secundaners so gar keine Rück-
sicht nahm, sondern die tiefe Gelehrsamkeit eines Primaners voraussetzte, der in der Lectüre der Antigone des »ewig heitern« Sophokles
bis zum vierten Stasimon vorgedrungen ist, und dort (v. 695) allerdings die Musen »in der Begleitung des Dionysus« erwähnt gefunden
hat. Und zwar werden sie dort gerade in jenem Mythus von der

*) Unter den bildlichen Zeugnissen leuchtet namentlich ein schönes Vasen-
bild vor, auf welchem die freundschaftliche Begegnung der beiden Götter am heiligen Erdnabel zu Delphi dargestellt ist (publicirt von Stephani, Comptes rendus de
la commiss. impér. archéol. de St.Petersb. pour 1861 Taf.4 [vgl. den Text S.57 ff.]).

Verfolgung des Dionys durch Lycurg*) erwähnt, auf den unser Freund (S. 5) in der für die Ignoranz des Dr. phil. so anstössigen Stelle angespielt hatte. Somit wusste denn auch der geniale Genelli sehr wohl, was er that, als er den Dionys inmitten der Musen darstellte auf einem schönen Aquarellbilde, das ich einst in Ihrem Hause, verehrter Meister, bewundern durfte. Diese Zusammenstellung hat einen tiefen Sinn: Sie sehen nun aber auch, mit wie richtigem Vorgefühl unser Freund die freche Zudringlichkeit des biedern Meister Zettel von dieser erlauchten Vereinigung abwehren zu müssen glaubte.

Unser Freund, dem diese Thatsachen gewiss sehr wohl bekannt waren, begnügt sich, die innige Verschmelzung beider Kunsttriebe in dem durch Archilochus in die Litteratur eingeführten Volksliede nachzuweisen, in dem der Dr. phil., den klaren Worten unsres Freundes zuwider, »eigentlich« nur Dionys regieren lässt, was »eigentlich« doch eine Unwahrheit zu nennen ist.

Wir nähern uns dem wichtigsten Problem, der allmählichen Entwicklung der Tragödie aus dem dithyrambischen Chorliede. Hatte nun hier unser Freund den wesentlichen Unterschied dieses dionysischen Liedes von jeder andern hellenischen Chorlyrik darin erkannt, dass in den Sängern des Dithyrambus eine Schaar von Verwandelten, zu Dienern des Gottes Verzauberten vor uns stehe, während jede andre Chorlyrik nur eine ungeheure Steigerung des, seiner sterblichen Person sich klar bewussten, apollinischen Einzelsängers sei, so setzt der gelehrte Dr. dem entgegen: auch andre Formen der chorischen Poesie schliessen das Mimische keineswegs aus: »man denke nur an Korybantiasten, Karyatiden, Pyrrhichisten«. Das Denken will eben bei diesem Dr. offenbar nicht recht von Statten gehen; sonst würde er ja wohl bedacht haben, dass es keine pyrrhichistische oder gar karyatidische Poesie giebt, und dass weder die zu Ehren der Artemis Karyatis tanzenden Jungfrauen, noch die Tänzer der so mannichfach gestalteten, bald ernste Waffenspiele darstellenden, bald mit dem lebhaft bewegten Hyporchem verbundenen**), auch wohl ein-

---

*) Aehnlich auf einem Sarkophagrelief: Zoega, Abhandl. S. 13.
**) Schol. Pindar. Pyth. IV 127. Vgl. Aristot. fr. 471 R. Böckh, de metr. Pind. 270.

mal in der Tragödie verwendeten *) Pyrrhiche, füglich »Chorsänger« genannt werden können. Man könnte ebensogut an die Tänzer der Emmeleia, der Sikinnis, des Kordax, oder des Geranos, Skops, Morphasmos und so vieler andrer, von Pollux — auf den ich doch den Herrn Dr. zur Stärkung seines Denkvermögens verweisen möchte — im vierten Buche seines Onomastikon zusammen mit der Pyrrhiche und den Karyatiden aufgeführten mimischen Tänze »denken«, wenn es überhaupt möglich wäre, zugleich zu denken und ganz gedankenlos Chorpoesie und mimische, zur Erläuterung des Gesungenen aufgeführte Tänze ohne Weiteres zusammenzuwerfen. Uebrigens scheinen dem Dr. phil. die Quellen nicht zu genügen: er bereichert sie durch eine bisher unbekannte, besonders von ihm erfundene Species von Chorsängern oder Tänzern, genannt »Korybantiasten«. Man sage noch, dass in diesem Dr. die historisch-kritische Methode nicht productiv werde! Einige unklare Vorstellungen von Korybanten, mit einem unermesslichen Vorrath gesunder Unwissenheit in Einem Kopf beisammen, erzeugen natürlich eine starke historisch-kritische Gährung, und: »ein herrlich Werk ist gleich zu Stand gebracht«, der »Korybantiast« steht vor uns. — Es wird also doch wohl dabei zu bleiben haben, dass der Dithyramb (dem man höchstens das, übrigens ja zuweilen auch dem Dionysus geweihte, durchaus mimische Hyporchema an die Seite stellen könnte) den anderen Gattungen der Chorpoesie, den Hymnen, Paeanen, Prosodien, Epinikien u. s. w., gegenüber eine ganz besondre Stellung einnimmt, deren Charakter man gar nicht treffender bezeichnen kann, als unser Freund es gethan hat.

Indem ich nun über unsres Freundes Auffassung eines wesentlichen Punktes in der nächsten Vorgeschichte der Tragödie einige Worte zu sagen mich anschicke, freut es mich besonders, hierbei der so wenig wünschenswerthen Gesellschaft des Pasquillanten ganz überhoben zu sein. Denn hier hat dieser sich selbst ein solennes Unfähigkeitszeugniss auszustellen für gut befunden. Dem Urtheile, dass zur Erklärung des Wesens der aeschyleischen Tragödie Muthmaassungen über die Vorstufen der Entwicklung der Tragödie ganz ent-

---

*) von Phrynichus, nach Aelian v. h. III 8. Vgl. Lobeck zu Soph. Aj. 694.

behrlich seien, diesem für einen über die Ursprünge der Tragödie
schreibenden »Kritiker« ungemein einsichtsvollen Urtheile, fügt der
Dr. phil. noch folgenden Trumpf hinzu: »was die Tragödie vor
Thespis betrifft, so genügt wohl jedem andern als dem Zukunfts-
philologen die dissertation upon the epistles of Phalaris«. Genügen
wird heutzutage diese scharfsinnige Schrift Bentley's denn doch wohl
nur demjenigen, dessen philologische Studien und Kenntnisse noch
so tief in den Windeln liegen, wie die dieses historisch-kritischen
Afterphilologen; jeder Andre wird nicht eher über diese schwierigen
Fragen mitzureden wagen, als er nicht, ausser so manchen sonstigen
Untersuchungen, vor Allem ein Werk gründlich studirt hat, das freilich einem wirklich so zu nennenden Philologen der Gegenwart und
Zukunft nicht mehr so gänzlich unbekannt sein dürfte, dessen vollen
Titel ich aber hersetzen will, weil er in den Hülfsbüchern nicht vor-
gekommen zu sein scheint, aus welchen der Pasquillant den Titel
des Bentley'schen Buches abgeschrieben hat. Dieses Werk nennt
sich: »Nachtrag zu der Schrift über die Aeschylische Trilogie, nebst
einer Abhandlung über das Satyrspiel; von Friedrich Gottlieb
W e l c k e r (Frankfurt a. M. 1826)«. Welche Naivetät nun aber,
nicht nur die eigene Unkenntniss der wesentlichsten Hülfsmittel zu
einem Urtheil über diese so höchst problematischen Verhältnisse frei-
willig, mit gesunder Harmlosigkeit zu bekennen, sondern auch Andern
noch den gleichen Standpunkt einer kindischen Unwissenheit zuzu-
muthen! Freilich, Welcker zählt ja auch nicht zu den Männern, die,
nach der Meinung des Pasquillanten, in unserm Jahrhundert die
Philologie auf jene »nie geahnte Höhe« gehoben haben, auf deren
strahlendstem Gipfel ohne Zweifel dieses kritisch-methodische Muster-
gewächs sich selbst zu stehen scheint. Dass der Dr. phil. unter den
Beförderern unsrer Wissenschaft nur G. Hermann und Lachmann zu
nennen weiss, mag weniger einer in tendenziösem Sectengeist be-
fangenen Einseitigkeit als seiner ganz unbefangnen Unkenntniss zu-
zuschreiben sein, die es wirklich nicht besser weiss. Glaubt man aber
wohl das Andenken dieser edlen und hochverdienten Männer zu
ehren, indem man sich für ihren Anhänger ausgiebt durch ein Pasquill,
in welchem von ihrem hellleuchtenden Verstande gar nichts, und
von ihrer treuen Wahrheitsliebe weniger als nichts zu spüren ist?

Lassen wir also den Pasquillanten auf seiner Schulbank, und betrachten die spärlichen und doch so wichtigen Nachrichten, die uns von der Vorgeschichte der Tragödie Kunde geben, so drängt sich uns immer eine Hauptschwierigkeit auf, die, wie mir scheint, von unserm Freunde zuerst als solche präcise erfasst und ihrer Lösung zugeführt worden ist.

Es wird von den Alten übereinstimmend berichtet, dass in ihren frühesten Anfängen die Tragödie nichts war als ein Chorgesang zu Ehren des Dionysus, dass von den Vorsängern dieses dithyrambischen Chorliedes die Tragödie ausging, und dass die Mitglieder dieses ältesten dithyrambischen Chores S a t y r n vorstellten*). Die Gegenstände dieses Chorliedes waren, wie es in der Natur der Verhältnisse nothwendig liegt, ausschliesslich die Erlebnisse des Dionysus**).

Nun ist man aber vor eine bedenkliche Alternative gestellt. Ent-

---

*) Dieses Letzte steht zu lesen bei Aristot. Poet. 4 p. 1449 a, 20; Photius und Suidas s.: οὐδὲν πρὸς τὸν Διόνυσον, wo die ältesten Anfänge der Tragödie ausdrücklich Σατυρικά genannt werden; und nach der durchaus glaubwürdigen Notiz des Etymolog. Magn. 764, 5 ff. hiessen die Spiele zu Ehren des Dionysus eben darum Tragödien, d. h. Bocksgesänge, »weil die Chöre zumeist aus S a t y r n bestanden, die man Böcke nannte«. S. Welcker, Nachtr. 240. Dies die deutlichen Zeugnisse. Setzt es uns nun auch nicht mehr in Erstaunen, den Pasquillanten, mit einfacher Unwahrheit, unserm Freunde die Behauptung zuschieben zu sehen, dass der Dithyrambus »s t e t s von einem Satyrchor gesungen worden sein — was unser Freund natürlich weder glaubt, noch auch nur »zu glauben scheint« — so bleibt man doch verwundert vor der ganz zwecklosen Thorheit der hinzugefügten Note stehen. Dort heisst es (S. 21): »Nicht einmal ursprünglich [wurde der Dith. von einem Satyrchor gesungen]. Klar und glaubwürdig redet Philochorus bei Athen. XIV 628 A«. Was sagt aber Philochorus? »Dass die Alten, wenn sie ein Trankopfer darbringen, nicht immer sich dithyrambischer Lust überlassen (διθυραμβοῦσιν), sondern dass, wenn sie Trankopfer darbringen, sie den Dionysus zwar unter Weingenuss und Trunkenheit, den Apoll aber mit Ruhe und Würde besingen (μέλπουσιν mit G. Hermann; μέλποντες die Handschrift).« Was in aller Welt sagen diese Worte über die Zusammensetzung des ältesten dithyrambischen Chorpersonals aus? was gar, das den oben angeführten, dem Dr. phil. natürlich unbekannten Zeugnissen widerspräche? Man mag sich über die Entstehung eines solchen Vexircitates die sonderbarsten Gedanken machen: schmeichelhaft für den Verstand und die wissenschaftliche Ehrlichkeit des Dr. phil. werden sie unter keinen Umständen ausfallen.

**) S. zudem Suidas, Photius s. οὐδὲν πρ. τ. Δ. Zenobius, prov. 5, 40. Apostol. 15, 13.

weder man nimmt, mit Bentley (Phalar. S. 305 d. Uebers. v. Ribbeck),
Welcker u. A. an, dass die alten dithyrambischen Satyrchöre den
Charakter heitern, scherzenden Frohsinnes trugen, und erst durch
Thespis (oder, wie Bentley meint, noch später), nach Abstreifung des
satyresken Elementes, einen ernsthaft traurigen Inhalt und Ton er-
hielten. Dann versteht man aber gar nicht, wie solche ausgelassene
Lustbarkeiten als die frühesten Anfänge der Tragödie gelten konn-
ten, da ja der erste wirkliche Tragöde, Thespis oder wer sonst, ge-
radezu Alles, das Chorpersonal, die Gegenstände der Chorpoesie,
den ganzen Charakter der Lieder geändert, also doch wahrlich
die älteren Anfänge nicht entwickelt, sondern einfach von vorne an-
gefangen haben müsste.

Fühlt man sich aber durch solche Betrachtungen gedrängt, auch
diese ersten Anfänge des ernsten Spieles der Tragödie sich als
ernst, klagend, um die Leiden und Drangsale des grossen Gottes
trauernd zu denken — wie z. B. O. Müller, Griech. Litt.-Gesch. 2, 30
thut —, so sieht man sich einer andern Schwierigkeit gegenüberge-
stellt. Zwar die Ueberlieferung spricht durchaus für diese Auffassung
des »dramatischen Dithyrambus«*) als eines Klageliedes. Am deut-
lichsten redet die auch von Müller hervorgehobne, bekannte Erzäh-
lung des Herodot (5, 67) von dem Tyrannen Klisthenes von Sikyon,
der die tragischen Chöre, mit denen die Bewohner jener Stadt die
Leiden des Heros Adrastos feierten, dem Dionysus, als welchem
sie eigentlich gebührten, zurückgab. Es gab also dithyrambische
Lieder, welche, anders als der später übliche Dithyrambus, die
Leiden des Gottes in wilder Trauer feierten. Auf einen solchen
Trauerdithyrambus, der sich weiterhin zum dramatischen Trauerspiel

---

*) So, und nicht — wie der Dr. phil. mit gewohnheitsmässiger Fälschung
sagt — »tragischen Dithyrambus« nennt unser Freund S. 19, 21 jenes Chorlied,
aus dem die Tragödie hervorging; und das mit dem einleuchtendsten Rechte.
Allerdings ist diese Art des »dramatischen Dithyrambus« nahe verwandt mit
jener besondern Art dramatischer Lyrik des Xenophanes, Simonides und Pindar,
die Böckh gar nicht unpassend »lyrische Tragödie« nannte und über die der
Pasquillant (S. 22) nicht so in's Blaue hinein faseln würde, wenn er im Stande
wäre Welcker's höchst besonnene, die übertriebene Skepsis Hermann's und
Lobeck's abweisende Erörterung in den Griech. Tragödien S. 1289—1295 zu
verstehen.

entwickelte und von der dann noch selbständig weiterlebenden ganz
verschiednen Gattung dithyrambischer Festlieder zu scheiden ist,
weist auch die merkwürdige Notiz des Suidas*) über den am Anfang
des sechsten Jahrhunderts in Korinth thätigen Dithyrambendichter
Arion hin. Von diesem heisst es: »er soll auch der Erfinder der
tragischen Weise (τραγικοῦ τρόπου) gewesen sein«. Diese Worte
fasst man in der Regel nicht so scharf, wie sie, nach ihrer tech-
nischen Bedeutung, gefasst sein wollen. Die alten Musiker unter-
scheiden drei »Weisen« der Composition, die nomische (bei der Composition der Nomoi neuerer Art verwendete), die dithyrambische und
die tragische. Je nach der Art, in der diese drei »Weisen« das Ge-
müth des Hörers erregen, entsprechen ihnen drei Arten des Ethos
der Composition: das unruhig bewegte, systaltische, das ruhig ge-
tragene, hesychastische, endlich das diastaltische. Durch dieses
letzte »wird bezeichnet ein feierlicher Schwung und eine männliche
Erhebung des Gemüthes; es drückt Heldenthaten und diesen ent-
sprechende Leiden und Affecte (πάθη) aus; es bedient sich seiner
hauptsächlich die Tragödie und was von den übrigen Dichtungs-
arten verwandten Charakter hat« (Euclid. introduct. harmon. p. 21
Meib.**). Der Dithyrambus späterer Zeit, eine keineswegs orgiastisch
erregende, sondern vielmehr zu freudigem Genuss auffordernde
Dichtungsart, gehörte nun durchaus dem hesychastischen Ethos
an: wenn also von dem Dithyrambendichter Arion ausdrücklich berichtet wird, dass er die tragische Weise erfunden habe,
so denke ich, dass dieses, genau verstanden, eben besagen will, dass
dieser alte Dithyrambus des Arion in Weise und Ethos der Composition mit dem späteren, hesychastischen Dithyrambus nichts ge-
mein hatte, sondern, in diastaltischem Ethos bewegt, Thaten
und Leiden heroisch gewaltiger Charaktere darstellte, und also nach
Stoff und dichterisch-musikalischem Grundcharakter vielmehr mit
der späteren Tragödie verwandt war.

Gab es nun also schon frühzeitig eine Gattung ernster, trauernder

*) Suidas schöpft seine Kunde vermuthlich aus einem Buche des gelehrten
Aristokles von Rhodus: s. Val. Rose Aristot. pseudepigr. 620.
**) Ueber die Weisen und das Ethos der Compositionsarten handelt West-
phal, Griech. Metrik I 376—383, II 315 ff.

Dithyramben, so kann man nicht zweifeln, dass gerade aus diesen
allein die Tragödie hervorgehen konnte. Nun aber stellt sich eine
grosse Bedenklichkeit ein. Wie ist es möglich, dass ein ernstes, zu
klagendem Weh erregendes Trauerlied von einem Chor jener wohl-
bekannten Satyrn gesungen wurde, deren scurrile Lustigkeit sonst ja
den vollsten Gegensatz zu tragischem Ernst bildet, und deren gro-
teske Unfläthigkeit nicht nur im Alterthum Kinder und Sklaven ver-
gnügte, sondern noch im Jahre 1872 einem Dr. phil. fröhlich
jauchzende Zustimmung abgewinnt? Satyrn aber, sahen wir, sangen
jene Dithyramben, Satyrn, »die in Versen redeten«, soll auch Arion,
der Erfinder der tragischen Weise, verwendet haben.

Hier kann man sich aus heilloser Verwirrung nur retten, wenn
man, keine der eben vorgeführten Thatsachen wegwerfend oder be-
liebig verdrehend, sich von unserm Freunde zu einer freilich sehr
ungewohnten Auffassung der ursprünglichen Bedeutung des Satyr-
typus anleiten lässt, zu jener Auffassung des bärtigen Dionysusdieners
als des vor aller Cultur fessellos umher schwärmenden Urmenschen,
die der Dr. phil. nur mit plumpen Obscönitäten zu beantworten vermag *). Ich kann über diese, durch die Thatsachen selbst erforderte
Auffassung nichts sagen, was unser Freund nicht (auf S. 34 und 36
seiner Schrift) energischer und bestimmter gesagt hätte. Zweierlei
nur will ich hinzusetzen. Wir dürfen uns, um die kräftig unbedenk-
liche Versinnlichung solcher Urwesen zu verstehen, durchaus nicht
unsern zärtlichen Geschmack zum Maassstab nehmen. Die Griechen
haben sich nicht gescheut, mit alterthümlicher Symbolik die ursprüng-
liche Kraft solcher Naturwesen sogar durch halb thierische Bildung
zu versinnlichen**). Wem würde heutzutage nicht die Gestalt des

---

*) Derartige wohlriechende Blumen seines anmuthigen Ingeniums hat uns
der scherzhafte Herr Dr. in seinem Pasquill noch mehrere darreichen wollen;
ja schon auf dem Titelblatt hat er unmittelbar unter seinen eignen werthen
Namen, als seinen Wahlspruch, eine stattliche griechische Zote gesetzt. Vermuthlich meint er in solchen Auswüchsen altgriechischer Frechheit »das einzig
Unvergängliche, welches die Gunst der Musen verheisst« zu besitzen. Sollten
aber die Musen sich lieber in der Gesellschaft des Priap aufhalten, als in der-
jenigen des Dionysus, die ihnen der gestrenge Herr Dr. nicht gönnt?
**) Sogar Bocksbeine geben den Satyrn manche unter den Alten; wenn
also unser Freund von bocksbeinigen Satyrn spricht, so verwechselt er keines-

rossleibigen Chiron, des »göttlichen Thieres«, wie ihn Pindar nennt, anstössig sein, als die Verkörperung uralt erhabner Weisheit, tiefer Naturkenntniss, als die ehrwürdige Gestalt des Lehrers der Heroen, des Jason, Achill, Asklepius? Zweitens aber dürfen wir uns nicht durch die spätere Darstellung dieser Satyrn als ausgelassen frecher, übermüthig lustiger Gesellen beirren lassen. Der Cultus des Dionysus hatte stets zwei Gesichter, er bewegte sich in grellen Gegensätzen ausschweifender Lust und Trauer; so wie man auch die dem Dionys nahe verbundne Ariadne auf Naxos in so schroffem Wechsel jubelnder Lust und finstrer Klage feierte, dass die Gescheidten der späteren Zeit an zwei ganz verschiedne Ariadnen dachten (Plut. Thes. 20). So verbildlichen denn auch die Satyrn ursprünglich beide Extreme dionysischer Empfindungen in Einer Figur; denn Lust und Klage feierten gleichermaassen den Einen Gott, den »Löser«, den »Befreier«, wie die Gläubigen ihn nannten, gewiss nicht (wie man wohl meint) als einen demokratischen Gleichmacher, sondern als den grossen Heilbringer, unter dessen Zauber eins und einig wird, »was die Mode frech getheilt«. Wie nun aber von dieser zwiespältigen Empfindung die Tragödie nur die Eine Seite rein ergriff, und den Ueberschwang leidenschaftlicher Trauer aus einer epidemischen Verzückung *) zu künstlerischem Entzücken zu bilden verstand, so fand jene Satyrlust im geistreichen Spiele des Satyrdrama ihre künstlerische Ausbildung. Als dann die Tragödie, über den Kreis dionysischer Mythen hinausgehend, den Satyrchor aufgab, blieb dieser den spätern Griechen eben nur in der tollen Lust dämonischer Karikaturen gegenwärtig, wie sie aus den Satyrspielen bekannt war; und in dem mannichfaltigsten Phantasiespiele mit d i e s e m Typus entfaltet die spätere Kunst die unerschöpflichste Laune. Wie aber in der Person des Satyrs allerdings von jeher, neben ernsterer Symbolik, auch diese

---

wegs Pan und Satyrn wie der Dr. phil. sich einbildet, sondern denkt an die capripedes Satyri des Lucrez und Horaz (c. II 19, 4), den αἰγιπόδης Σάτυρος (Jacobs anthol. Graec. IV S. 205 n. 412) u. dgl. S. Voss, Mythol. Briefe II 293 f.

*) Von dieser kennt der Pasquillant S. 20 keine polizeilichen Berichte aus der Zeit des Eindringens dionysischer Culte. Ich auch nicht, aber ich verstehe, was uns die Mythen von Pentheus, Lykurg, Ikarius u. s. w. in ihrer Weise erzählen wollen.

thierisch ausgelassene Lust gelegen haben muss — in einer uns
schwer verständlichen Mischung —: so konnte umgekehrt die spätere
Kunst unmöglich, neben den seltsamsten Fratzen, doch auch jene
edlen und jugendlich schönen Satyrfiguren ausbilden, von denen
schon Winckelmann im fünften Buch der Kunstgeschichte ausführlich handelt, wenn nicht ein Bewusstsein von der Doppelnatur des
Satyrwesens sich, aus ältester Ueberlieferung, lebendig erhalten
hatte. Ganz eben so geht es dem Silen, dessen Bilder von den
lächerlichsten Verzerrungen zu jener kräftig edlen Stattlichkeit des
weisen Zechers aufsteigen, die wir an der herrlichen münchener
Figur des Silen mit dem Bacchuskinde bewundern. Und wie deutlich spricht nicht für eine von der gewöhnlichen ganz abweichende
Auffassung des Silen jene, von unserm Freunde mit Recht als höchst
bedeutsam hervorgehobene alte Sage *) von der Unterredung des
Midas mit dem gefangenen Silen. Die schwermüthig tiefe Weisheit
dieses Silen zeugt auch für das richtige Verständniss seiner Ge-
nossen, der Satyrn, mit: denn nur ein vollendeter Ignorant, wie der
Dr. phil., hat auf seiner »nie geahnten Höhe« nie etwas davon ge-
ahnt, dass Silen und Satyrn auf's Engste verwandt sind, und dass
(wie gelegentlich von unserm Freunde) gerade der Silen des Midas
bei Xenophon und Andern ein Satyr genannt wird.

Wie nun in der ganzen Anschauung unsres Freundes von dem
Wesen und der Aufgabe der dionysischen Kunst der Musik dieses
richtig verstandene Wesen des Satyr ein sehr wesentliches Moment
ausmache, dieses auch nur zu berühren liegt ganz ausserhalb meiner
gegenwärtigen Aufgabe. Die, wie ich gezeigt habe, ganz wohl zu
erkennenden philologischen Gründe seiner scheinbar so phantasti-
schen Auffassung konnte nun freilich, bei der Beschaffenheit seiner
philologischen Qualitäten, der Dr. phil. auch nicht von ferne ahnen.

---

*) Dass dieses eine alte Sage sei, will der Pasquillant nicht glauben, ob-
wohl doch Aristoteles (fr. 37) ausdrücklich sagt, dass der Spruch des Silen »seit
alter Zeit« immer wiederholt werde. In metrischer Form findet sich derselbe
zuerst bei Theognis, der indessen, wenn nicht die im homerischen Wettkampf
erhaltnen Verse: ἀρχὴν μὲν μὴ φῦναι —, so doch jedenfalls einen alten, im
Volke verbreiteten Weisheitsspruch nur nachahmte. S. v. Leutsch, Philologus
XXX 202—206.

3 *

Weniger noch wird man von seinen sonstigen Fähigkeiten erwarten
dürfen, und so ist es nur ganz in der Ordnung, dass unsres Freundes
Vergleichung der Form des griechischen Theaters mit einem ein-
samen Gebirgsthale seiner dürftigen Phantasie höchst curios vorkommt. Zufällig trifft es sich, dass gerade diese Vergleichung Dio
Chrysostomus in seiner lieblichen Idylle »der Jäger« einem auf Euböa
einsam lebenden Landmanne in den Mund legt, als dieser, zum
ersten Male in die Stadt gezogen, mit der kindlichen Verwunderung
eines Naturmenschen das wunderlich geschäftige Treiben der civili-
sirten Menschheit im Theater betrachtet*). Ich füge nichts zur
Charakterisirung der geistvollen Alterthumskenntniss des Herrn Dr.
hinzu.

Wie nun aus dem Chorliede des Dithyrambus das Drama allmählich erwuchs, brauchen wir hier nicht zu verfolgen. Nur über
die Entwicklung der Musik im Drama einige kurze Andeutungen.
Während vor der vollen Ausbildung der Tragödie namentlich die
Dithyrambendichter die Musik zu den höchsten Leistungen
immer kräftiger befähigten und vor Allen Lasus von Hermione (ein
Lehrer des Pindar) sich um eine Entwickelung der unendlichen
Fähigkeiten dieser Kunst die reichsten Verdienste erwarb**), über-
nahm später das höchste Gesammtkunstwerk der attischen Tragödie
auch die Weiterbildung der musikalischen Kunst so vollkommen,
dass von dem tiefsten Kenner alterthümlicher Musik, dem Aristoxenus,
die Tragiker Phrynichus und Aeschylus wiederholt als Beispiele der
höchsten Entwicklung edler Musik genannt werden. Wie sehr unser
Freund ein Recht hatte, zu behaupten, dass in Hellas »die Tragödie
die Musik zur Vollendung gebracht habe«, zeigt sich dann aber
weiter noch darin, dass selbst in ihrem allmählichen Verfall doch
die dramatische Musik die musikalische Kunstübung so vollständig
beherrschte, dass, nach der Aussage desselben Aristoxenus, »Alle,
die sich überhaupt mit Musik befassten, sich der theatralischen

---

*) Orat. VII § 24 p. 229 R. »das Theater aber ist — so erzählt der Naive
dem gebildeten Gastfreund — wie ein Gebirgsthal, tief gehöhlt, aber an beiden
Seiten nicht lang gestreckt, sondern im Halbkreis gerundet, nicht natürlich,
sondern aus Steinen künstlich erbaut.«

**) Plut. mus. 29, und dazu Westphal, Metr. II 292.

Muse zuwendeten« (bei Plutarch, üb. d. Mus. 27). Der von Phere-
krates, Aristophanes, Plato, Aristoxenus so lebhaft beklagte Verfall
der musikalischen Kunst trat aber darin hervor, dass sich die Musik
von der Dichtung immer freier ablöste, und, bei solcher Trennung,
das Drama schliesslich in ein unorganisches Conglomerat nüchtern
verstandesgemässer Reden und tändelnder Arien, deren Wirkung
einzig eine rein sinnlich musikalische gewesen sein kann, sich zer-
setzte. Sehr bedeutsam ist nun, dass auf diesen Verderb der dramatischen Musik, wie er namentlich dem Euripides vorgeworfen
wird, das neben dem Drama selbständig weiterentwickelte Kunst-
genre des dithyrambischen Chorliedes bestimmenden Einfluss
übte. Dieses hatte sich, seit Melanippides, unter den Händen des
Kinesias, Phrynis, Timotheus, Philoxenus u. A. immer mehr zu einer
rein musikalischen Kunstschaustellung ausgebildet, in der die Dichtung, welche früher auch im Dithyrambus »die erste Rolle gespielt«
hatte (nach Plutarch a. O. cap. 30), nur noch einen Vorwand für
eine absolute Tonschwelgerei bot. Davon erzählen uns zahlreiche
Klagen der Freunde alter Kunst. Wenn unter diesen uns namentlich Aristophanes über den Charakter dieser, von unserm Freunde
sehr zutreffend als »Aufregungsmusik« bezeichneten entarteten Kunstübung keinen Zweifel lässt, so bezeichnet eine zweite ihrer charak-
teristischen Eigenthümlichkeiten unser Freund sehr angemessen als
Tonmalerei, deren Wesen, nach Schopenhauers Ausdruck, in
einer absichtlich bewussten, durch Begriffe vermittelten Nachahmung
einzelner Erscheinungsbilder besteht. Genau dieses ist es, was
Aristoteles (problem. 19, 15) ausdrücken will, wenn er die Musik
dieses neuattischen Dithyrambus eine »mimetische« nennt; genau
diese ganz unmusikalische Tonmalerei verspottet Aristophanes im
Plutus, wenn er, einen Dithyrambus des Philoxenus parodirend,
seinen Chor wie die Schafe und Ziegen des Cyklopen blöken und
meckern lässt; und wenn Timotheus, im Nauplius, einen Sturm
musikalisch darstellte *), so wird er sicher nicht hinter den nach-
ahmenden Künsten seines Vorgängers zurückgeblieben sein **).

---

*) Athen. VIII 338 A.
. **) Sehr einleuchtend ist mir, nach all diesem, die Vermuthung K. O. Müller's, Griech. Litteratur. 2, 289, dass Plato, wo er von der Nachahmung

Dieses zur Antwort auf das verwirrte Gerede des Dr. phil. auf
S. 21. 22 seiner Schmähschrift, das zugleich von seiner stupenden
Unwissenheit und einer unsäglichen Rohheit der Vorstellungen zeugt,
welche sich namentlich in den Worten, dass »doch keines Tragikers
Hauptfeld die Musik sei«, höchst unbefangen manifestirt.

Nach den satyresken Sprüngen auf S. 24 wendet sich der Dr.
phil. dem Euripides zu, der ihm als angebliches Vorbild anmaassender Unfähigkeit, wie wir oben sahen, besonders theuer ist. Bei
seinen stümperhaften Versuchen einer Kritik der Nachrichten von
einem genauen Verkehr des Euripides mit Sokrates wollen wir uns
nicht aufhalten. Es glaubte an dieses »Mährchen« bekanntlich Lessing, derselbe Lessing, den der Pasquillant, lächerlich genug, gegen
unsern Freund vertheidigen zu müssen meint. Es glaubt auch noch
in der jüngst erschienenen dritten Bearbeitung seiner Griechischen
Litteraturgeschichte Bernhardy daran, der doch auch wohl ein wenig
Uebung in litterarhistorischer Kritik haben dürfte. Beide wussten
natürlich eben so gut wie der Dr. phil., dass die Aussagen selbst der
gleichzeitigen Komiker nicht wie historische Zeugnisse verstanden
sein wollen: aber dass eine Thatsache schwach bezeugt und dennoch wahr sein könne, und dass zudem in der gegenwärtigen Frage
viel weniger die historische Gewissheit als die innern Gründe in
Betracht kommen, aus denen an so zahlreichen Stellen Sokrates und
Euripides als Freunde und Gesinnungsgenossen dargestellt werden*),

---

wiehernder Pferde, brüllender Stiere, tosender Ströme, des brausenden Meeres,
des Donners u. dgl. spricht (Rep. III 396 B. 397 A. vgl. auch Ges. II 669 D),
auf die musikalischen Künste des neueren Dithyrambus ziele.

*) Dasselbe gilt für jenen delphischen Spruch: σοφὸς Σοφοκλῆς, σοφώ-
τερος δ' Εὐριπίδης u. s. w. Der Dr. phil. ist so naiv, zu meinen, dass vor ihm
Niemand an der Form dieses Orakels Anstoss genommen habe. Er meint freilich auch, dasselbe finde sich nur bei dem späten Scholiasten zu Plat. Apol. 21 A :
was giebt ihm aber bei solcher Ignoranz ein Recht, über diesen Gegenstand zu
reden? Das Orakel wird sehr oft citirt; die Stellen hat am Vollständigsten
G. Wolff, De Porphyrii ex orac. philos. p. 76. 77 gesammelt. Ein Scholion zu
Aristoph. Wolken 144 theilt nun mit, dass schon Apollonius Molon die Aechtheit des Spruches bestritt, der also damals, d. h. im ersten Jahrhundert v. Chr.,
mit Verlaub des Herrn Dr. doch schon existirt haben muss. Sollte man nun
schon damals keine griechischen Trimeter zu machen verstanden haben? Allerdings weiss auch ein metrischer ABCschütze schon, dass ein Anapaest wie

— das sind allerdings Erwägungen, denen auch wohl der geringste Verstand zugänglich sein müsste; aber die Abwesenheit selbst jenes gewöhnlichsten Urtheilsvermögens scheint ja gerade das wesentlichste Erforderniss für einen »Kritiker« eines durchaus unverstandnen Buches zu sein. Worin unser Freund die tiefe Gemeinsamkeit der Bestrebungen des Sokrates und Euripides erkannt habe, das zu verstehen, wollen wir sicherlich von diesem »Kritiker« nicht verlangen. Aber man kann sich, selbst nach so vielen Proben der allerunbedenklichsten Entstellung der Wahrheit, doch einer flüchtigen Anwandlung des Erstaunens nicht enthalten, wenn man, unter einer ganzen Reihe fader Nichtssäglichkeiten, plötzlich den Pasquillanten die Behauptung aussprechen hört: »Herr N. behauptet keck, Euripides bekenne sich zu dem sokratischen Grundsatz: Tugend ist Wissen«, und ihn nun gegen diese angebliche Meinung unsres Freundes einen ganzen Sack schiefer Halbwahrheiten auskramen sieht. Vergeblich sehe ich mich danach um, wo unser Freund dies oder etwas dem ähnliches behauptet habe. Meinte denn aber der Pasquillant, dass die Unwahrheit seiner Behauptung keiner seiner Leser merken würde? Oder auf welche eigenthümliche Connivenz derselben zu den ihm selbst für seine Absichten dienlich dünkenden Mitteln rechnete er? Sollte indessen eine solche Kurzsichtigkeit boshafter List denn doch über menschliches Vermögen gehen, und sollte wirklich ein ungeheuerliches Missverständniss dieser gänzlich unwahren Insinuation zu Grunde liegen, so bliebe nichts übrig, als an eine missdeutende Verdrehung des bei unserm Freunde zweimal (S. 66 und 68) wieder-

---

Σοφοκλῆς im zweiten Fuss des tragischen Trimeters nicht der gewöhnlichen Regel entspricht; und gerade soweit reicht des Pasquillanten Weisheit. Wie konnte er auch wissen, was freilich, seit Porson, wirklichen Philologen gerade kein Geheimniss ist, dass anapaestische Eigennamen stets unter gewissen Bedingungen, und seit den um Olymp. 89 angenommenen laxeren Grundsätzen des Versbaues unbedingt auch im zweiten und vierten Fusse des tragischen Trimeters zugelassen werden! Die Form Σοφοκλῆς ist übrigens mindestens eben so gut erlaubt, als ein Ἡρακλῆ bei Sophokles Trach. 476. Liesse man aber auch die Aechtheit wenigstens dieses ersten, jedenfalls wenig eleganten Verses des Orakels fallen, so bliebe doch ganz unverständlich, wie man darauf verfallen konnte, einen solchen Spruch einer so gewichtigen Autorität in den Mund zu legen, wenn man nicht eine tief empfundene Zusammengehörigkeit der beiden »Weisen« auch im allgemeinen Bewusstsein anerkannt wusste.

holten Satzes zu denken: für Euripides bilde das oberste Gesetz
seiner Dichtung der Grundsatz: alles muss bewusst sein um schön
zu sein, als Parallelsatz zu dem sokratischen: nur der Wissende
ist tugendhaft. Diesem Satze stellt der Dr. phil. später (S. 29), in
vollkommener Gedankenzerrüttung, die Bemerkung entgegen, dass
ja doch Euripides »oft genug auch bewusst schlechte Handlungen
anerkenne«. Dass diese »Erwiderung« die Behauptung unsres Freundes gar nicht treffe, da dieser von einer bewussten Schönheit,
nicht von einer bewussten Tugend redet, muss, wer dergleichen,
wie im Traume, auf das Papier bringen konnte, nicht zu begreifen
im Stande gewesen sein; hier aber wird man in der That den Anlass
zu jener falschen Beschuldigung unsres Freundes zu suchen haben*).
Bei dem Anblick dieses also verwickelten Gewebes von unverzeih-
licher Flüchtigkeit und absolutem Unverständniss einfachster Sätze
kann ich nur auf's Neue ausrufen: das ist der »Kritiker«, der unsres
Freundes tiefsinniges Buch nicht nur zu verstehen, sondern zu über-
sehen meinen darf!

Nur noch zwei Bemerkungen, und wir sind mit dem Pasquillanten fertig. Die Belehrungen desselben über Sophokles (auf
S. 30 f.) seien unberührt der staunenden Nachwelt überliefert; nur
eine ganz besondre Kriegslist, die er anzuwenden für nöthig gehalten
hat, wollen wir doch nicht unbemerkt lassen. Weil unser Freund,
nicht für Schulknaben schreibend, manches Bekannteste eben als
bekannt voraussetzte, macht ihm der Pasquillant (S. 30) den Vor-
wurf einer absichtlichen »Kunst des Verschweigens«. In einer Anmerkung setzt er hinzu »dieselbe wohlfeile Kunst übt Herr N. am
selben Orte [auf S. 77, welche Seite oben richtig citirt, also auch
vom Pasquillanten gelesen ist] an Aristoteles. Denn der billigt ja
eben (Poetik 1456 a, 27) Sophokles [von unserm Freunde getadelte]
Chorbehandlung«. Es muss ein besondrer Fehler meiner Natur sein,
dass ich mich noch immer nicht an die heitre Unbefangenheit einer

---

*) Es bleibt, nach dieser handgreiflichen Missdeutung jenes Satzes, dem
Pasquillanten nicht einmal die Ausflucht offen, dass er auf S. 27 an die Worte
unsres Freundes auf S. 76 seines Buches: »Man vergegenwärtige sich« u. s. w.
gedacht habe; welche Worte freilich auch nur ein völlig Gedankenloser, in
»nachtäugiger Vergessenheit« Taumelnder auf Euripides beziehen könnte.

Polemik gewöhnen kann, die immer wieder dem Leser schwarz für weiss verkauft. Denn »am selben Orte« S. 77 sagt ja gerade unser Freund ausdrücklich: Sophokles habe das Wesen des Chors zerstört, »mag auch Aristoteles gerade dieser Auffassung des Chores seine Beistimmung geben«, und weist also genau auf diejenige Stelle des 18. Capitels der Aristotelischen Poetik hin, die der Pasquillant als verschwiegen bezeichnet! Neu ist nun diese Kunst, in der sichern Rechnung auf flüchtige Leser dem Gegner mit Emphase eben dasjenige als unterlassen vorzurücken, was dieser mit vollster Deutlichkeit selbst vorgebracht hatte — neu ist diese üble Kunst nicht, aber wer sich mit solchen Mitteln befleckt, lädt doch immer auf's Neue die Schuld der Anwendung unsittlichster Rabulistenkniffe auf sich.

Wenn im Uebrigen unser Freund es vorgezogen hat, sich in seiner ästhetischen Betrachtung nicht überall ängstlich an Aristoteles, wie das Kind an die Schürze der Mutter, anzuklammern, so ist der Dr. phil. nicht der Mann, der dagegen zu deklamiren das Recht hätte. Denn abgesehen davon, dass die Poetik des unsterblichen Denkers, bei ihrer fragmentarischen Gestalt, vielfach nicht weniger einer immer problematischen Deutung bedarf, als die uns erhaltenen Kunstwerke selbst, so ist es ja auch wohl erlaubt, an der unbedingten Autorität selbst dieses klaren und tiefen Kunstlehrers zu zweifeln, wenn man z. B. sieht, dass derselbe die volle Wirkung einer Tragödie auch ohne deutlichste Kundgebung an alle Sinne, ohne Aufführung und Schauspieler, also bei blosser Lectüre für erreicht hält*). Man darf, ohne sonderliche Vermessenheit, sagen, dass hiermit das Wesentliche der dramatischen Kunst, gegenüber der auf eine blosse Anregung der selbständig productiven Phantasie willig beschränkten epischen Kunst, nämlich ihre Kraft einer völlig sicher bestimmenden Mittheilung an das gesammte Empfindungsvermögen des Hörers, verkannt und eine bedenkliche Lücke in der Auffassung der Wirkung eines tragischen Kunstwerkes angedeutet ist. Darf ich nicht auf Ihre sichere Zustimmung zählen, hochverehrter Meister, wenn ich als das höchste Vorrecht des dramatischen

---

*) Poetik 6 p. 1450 b, 16 ff.; 26 p. 1462 a, 10—12.

Dichters die Fähigkeit betrachte, in der unentrinnbaren Klarheit leibhafter, sicher bewegter Gestalten den Schauenden mitschauen zu lassen, was er geschaut, mithören was er gehört hat, und vor sein entzücktes Auge die Gestalten seiner Künstlerseele zu stellen »so urgemäss dem göttlichen Gedanken, in Form und Maass, in Sait' und Klang«? Wenn nun aber erst in dieser vollen Verkörperung der dichterischen Idee die höchste Künstlerschaft ihre gültigste Probe zu bestehen hat, so beruht andrerseits auf der eben damit ermöglichten Aufnahme des Hörers in alle Wonnen des Künstlers selbst die mit nichts auf der Welt zu vergleichende Wirkung des dramatischen Kunstwerkes, die man sicher nur mit einer argen Verkennung ihres eigensten Wesens schon durch eine stille Lectüre erreicht glauben kann.

Wenn also unser Freund auch die vielumstrittene »Katharsis« nicht als bestimmendes Moment in seine Betrachtung aufgenommen hat, so hatte er dafür gewiss seine gültigen Gründe. Es sei aber vergönnt, mit zwei Worten darauf hinzuweisen, wie selbst aus diesem einzigen und so sehr beachtenswerthen Zeugniss von der Wirkung der antiken Tragödie eine wesentliche Unterstützung der Anschauungen unsres Freundes gewonnen werden könne. Trotz aller Gegenreden scheint mir die von Bernays festgestellte Deutung jener schwierigen Stelle des sechsten Capitels der Poetik die einzig zutreffende, wonach die Meinung des Aristoteles folgende ist: »die Tragödie bewirkt durch Erregung von Mitleid und Furcht die erleichternde Entladung solcher (mitleidiger und furchtsamer) Gemüthsaffectionen«. Soweit nun im Uebrigen die Meinungen der Erklärer dieser bedenklichen Worte auseinandergehen, so sind sie doch darin alle einmüthig, dass ein näheres Verständniss jener »Entladung«, Katharsis, aus einer Stelle im achten Buche der Aristotelischen Politik zu gewinnen sei. Dort wird unter den verschiedenartigen Wirkungen der Musik auch diejenige aufgezählt, die aus den »heiligen Liedern«, d. h. den enthusiastischen Flötenweisen des Olympus, den durch Anhörung solcher Musik zu begeisterter Verzückung Hingerissenen sich mittheile. Durch solche Lieder berauscht, gingen nachträglich die also Ergriffenen in einen Zustand der Beruhigung über »als hätten sie ärztliche Cur und Katharsis erfahren«. Hier scheint mir nun sehr bemerkenswerth, dass Aristoteles dieselbe »kathartische« Wirkung, die er selbst (wie vor ihm namentlich die Pythagoreer) als von gewissen Arten der M u s i k ausgehend schildert, auch der T r a g ö d i e zuschreibt, und dass er, durch weitere Anwendung jenes, aus einem pathologischen Vorgange auf die Musik übertragenen Ausdruckes auf die Tragödie seinen Lesern zumuthet, sich eben von diesen m u s i k a l i s c h e n Empfindungen aus der eigentlichen t r a g i s c h e n Stimmung zu nähern. Was liegt in diesem Verfahren anders als das Zugeständniss, dass diese beiden Empfindungen ihrer innersten Art nach v e r w a n d t seien? und ich möchte wohl wissen, wie man diese, somit von Aristoteles bezeugte Verwandtschaft tiefer· verstehen lernen könne, als aus dem Buche unsres Freundes.

Was endlich der Pasquillant über Aeschylus vorbringt, ist so platt, dass es keiner Widerlegung bedarf. Zur schliesslichen Kennzeichnung seiner Auffassungsweise nur noch ein einziges Beispiel. Der, bei Gelegenheit des Aeschyleischen Prometheus ausgesprochenen Behauptung unsres Freundes, dass die über Göttern und Menschen als ewige Gerechtigkeit thronende Moira den Mittelpunkt der aeschyleischen Weltbetrachtung bilde, — setzt der Dr. phil. eine Stelle des Agamemnon entgegen, in welcher, in vorsichtig bedingter Weise, ausgesprochen wird, dass dem Zeus nichts zu vergleichen sei, als er selbst. Der Gute ahnt offenbar gar nicht, dass er mit ungeschickten Füssen in eine oft und mühsam erörterte *) bedenkliche Frage über den Glauben des Aeschylus hineinstolpert. Er konnte, namentlich aus den Schutzflehenden, noch viel kräftigere Zeugnisse für die höchste Herrschergewalt des Zeus anführen; und doch wäre damit folgendes Zwiegespräch des Okeanidenchors und des Prometheus nicht beseitigt (v. 517 ff.): »C h o r : Wer lenkt des Schicksals Ruder denn in seiner Hand? P r o m. : Die Moiren und die allgedenken Erinyen. C h o r : Und Zeus ist selbst ohnmächtig gegen ihre Macht? P r o m. : Dem verhängten Loose kann er nimmermehr entfliehn.« Nur daraus, dass auch über dem Haupte des Zeus ein von dessen Willkür unabhängiges Schicksal schwebt, ist ja überhaupt der Auf-

---

*) Sehr eingehend z. B. von Dronke im vierten Supplementbande der Jahrb. f. Philol.

bau der Prometheustrilogie zu verstehen. Wenn in den übrigen Dramen Zeus mit der Moira einig erscheint, so ist er ihr damit keineswegs übergeordnet; sondern er hat ihre Beschlüsse in seinen Willen aufgenommen, sie aber ist es, die auch da noch die verschlungenen Geschicke der Welt bestimmt. — Hat nun der Pasquillant, da er von diesem allen keine Ahnung hat, den Aeschylus nie gelesen? Das möchte ich nicht behaupten; denn Aeschylus müsste nicht der tiefsinnig erhabene Dichter sein, der er ist, wenn es einem Solchen gelingen könnte, selbst bei häufiger Lectüre ihn auch nur im ärmsten Wortsinne zu verstehen, geschweige von seinem hohen Geiste eine Ahnung zu verspüren.

Nun aber genug und übergenug von dieser unerquicklichen Widerlegung des Pasquillanten. Ich musste, unserm Freund rechtfertigend, die angemaassten Ansprüche des Dr. phil. auf besseres Wissen als das erweisen, was sie wirklich sind, nämlich die Gedankenlosigkeit, Unwissenheit und Unredlichkeit nicht eines urtheilsfähigen, methodischen Philologen, sondern eines vollkommenen Zerrbildes kritischer Methode, eines wirklichen Afterphilologen. Habe ich dabei noch kaum die Hälfte der Missverständnisse, absichtlichen Missdeutungen und entstellenden Insinuationen berühren können, die derselbe, neben den sachlichen, von mir als nichtig erwiesenen »Erwiderungen«, durch seine ganze Schmähschrift in ununterbrochenem Flusse heraussprudelt, so will ich mich schliesslich auch nicht lange bei der Verwunderung darüber aufhalten, was nur diesen Dr. phil. bewegen konnte, so völlig ohne Noth eine freiwillige Ausstellung seiner eignen Dürftigkeit und Unwissenheit zu veranstalten. Zu der naiven Eitelkeit zuversichtlicher Ignoranz scheint noch ein besondrer Antrieb hinzugekommen zu sein, den uns seine schliessliche Aufforderung an unsern Freund enthüllt, doch gefälligst von dem ihm anvertrauten Lehrstuhle herabzusteigen, nachdem er den Beifall des Dr. phil. von Wilamowitz so völlig verscherzt habe. Ich überlasse einem Jeden die moralische Qualificirung einer so freundlichen Zumuthung; wir, die Freunde, werden sicherlich nur lächeln über die Naivetät, mit der in ihr die denunciatorische Beflissenheit des strebsamen Dr. phil. ihre eigentlichen Motive selbst aufdeckt. Wir wollen uns aber erlauben, demselben, als Gegengeschenk, ebenfalls einen

guten Rath zu geben. Es hat ja den Anschein, als ob ihm sein Elaborat nicht ganz ohne Rath und Antrieb gewisser guter Freunde ge-
lungen sei. Falls er nun ein andres Mal sich wieder aufgefordert
sehen sollte, durch eine Ausstellung seiner historisch - kritischen
Ignoranz die »wahre Wissenschaft« zu retten, so dürfte es doch ge-
rathen sein, wenn er, vor der Herausgabe solcher »Rettung«, sich.
recht sorgfältig mit irgend einem jener Freunde beriethe, der wenigstens die ersten Kinderschuhe philologischer Kenntnisse ausgetreten
hat. Wenn sich ihm nicht etwa, in einer erleuchteten Stunde, der
Rath des weisen Heraklit, als ganz besonders für seinen Fall ge-
eignet, vor allen andern empfehlen sollte : »besser ist es, die eigne
Unwissenheit zu verbergen, als sie prunkend zur Schau zu stellen«.

Bedarf ich nun, verehrter Meister, zum Schluss noch einer Ent-
schuldigung dafür, dass ich Sie so lange bei den blossen Werk-
stücken aufgehalten habe, aus denen unser Freund seinen wohl-
gefügten Bau so stattlich errichtet hat? Ich hoffe nicht; denn von
seinen höheren künstlerischen Eigenschaften redet dieser Bau ja
selber deutlich genug, und so durfte man, nach meinem Gefühl, gerade nur demjenigen so ausführlich von den historischen Vorbedingungen des Buches reden, dem man von Geist und Seele desselben
nichts sagen könnte, was er nicht schon selbst reiner und tiefer empfunden hätte. Unser Freund konnte, auf die Gefahr hin, feind-
seliger Verläumdung eine erwünschte Handhabe zu bieten, diese
philologischen Vorbedingungen unberührt lassen, da er sich eine
ganz andre Aufgabe gestellt hatte, mit welcher er doch keineswegs
aus dem Kreise der höchsten Absichten philologischer Wissenschaft
herausgetreten zu sein glauben durfte.
Unsre Wissenschaft besitzt vor mancher andern einen hohen
Vorzug : sie kann ihren eingebornen Adel nie so weit verläugnen,
dass es ihr gelänge, mit einigem Schein der Wahrheit sich als »prak-
tisch verwendbar«, d. h. zum Dienste der Hast und Gier materieller
Lebenszwecke geschickt darzustellen. So verfolgt sie denn, mitten

in dem Taumel einer überall die Mittel zu einem »menschenwürdigen
Dasein« mit den letzten Zwecken verwechselnden glücksgierigen Welt,
ihr friedliches Werk, der alternden Menschheit das Gedächtniss an
die reichste Zeit ihrer freudigen Jugend wach und klar zu erhalten.
Sie thut damit eine edle Arbeit: denn was sollte diese sorgsame Be-
mühung um grosse und geringste Reste einer längst verklungenen
Zeit, wenn ihr nicht der Glaube an die Eine, unsterbliche Menschheit zu Grunde läge, in deren Leben kein Tag, und selbst kein
glückseliger Morgentraum der Jugend demjenigen gleichgültig und
nach kurzem Dasein in's Nichts verflattert erscheinen wird, der in
dieser Einheit die höchste Darstellung einer urgewaltigen, zur reichsten Bethätigung ringenden Kraft verehrt? Wie manchen zarter
Empfindenden mag diese stille Wissenschaft aus dem Drängen und
Stossen anmaassend lauter »Tagesinteressen« in die reinen Kreise
allgemeinerer Betrachtung, wie in heiter unbewegten Aether aus
trübe wogendem Brodem erhoben haben. Das ist unzweifelhaft eine
unermessliche Wohlthat; aber hat damit die classische Philologie
ihre höchste Bestimmung erfüllt? Es gab eine Zeit, wo sie nicht
ohne Grund den Namen der »classischen« sich zu tragen schien, wo
sie in dem wundervollen Wesen und Wirken des griechischen Volkes
ein in allem Wechsel historisch merkwürdiger Verkleidung unveränderliches, reines Menschliche zu erkennen meinte, und den
muthigen Glauben nährte, dass von dort aus auch für uns die An-
leitung zu einer freieren und edleren Menschlichkeit zu gewinnen
sei. Das war die Zeit, wo sie sich wohl bewusst war, warum gerade
ihr, in den Gymnasien, die edelste Jugend nicht zur Belehrung allein
in allerlei brauchbarer Kenntniss, sondern zur Bildung anvertraut
sei; es war die Zeit unsrer grössten geistigen Erhebung, wo F. A.
Wolf in seiner berühmten »Darstellung der Alterthumswissenschaft«
der hochgepriesenen »Civilisation« als ein viel höheres Gut eine
»Cultur« entgegen stellte, die durch alle Civilisirung höchstens vor-
bereitet wird. Ich denke, wir verstehen gegenwärtig, durch wach-
sende Noth belehrt, sehr tief den ernsthaften Sinn dieser Gegen-
überstellung. Die Civilisation erhält sich und führt ihr unbegreiflich
künstliches Dasein nur vermittelst einer immer vollständigeren Iso-
lirung jeder Kraft des Geistes und Gemüthes; von ihrer raffinirten

Barbarei kann uns nur eine Cultur erretten, welche in ihr Leben die harmonische Bethätigung aller höchsten menschlichen Fähigkeiten im Kunstwerk aufnähme, nicht als einen frivolen Luxus träger Uebersättigung, sondern als die höchste Weihe eines durchaus edlen Daseins. Zu solchen Culturbestrebungen erwartete, in seinen Briefen über die ästhetische Erziehung, der heutzutage oft so kläglich missverstandene Schiller auch von der Betrachtung griechischer Menschlichkeit reiche Förderung. Die Weisen unsrer Tage lächeln nun freilich, da alle Kraft der Menschheit in viel realeren, an sich höchst unverwerflichen Bestrebungen beschäftigt scheint, über solche idealistische Chimären; und man versteht es wohl, wenn aus der Rede gerade der tiefer Empfindenden, vom Lärm des Tages nicht Betäubten unter unsern Fachgenossen oft eine gewisse Resignation hervorklingt. Denn wirklich, selbst gegenüber der reichsten Vergangenheit hat die Gegenwart stets das sicherste Recht, ihre besondre Art zu behaupten. Sie kann auch gar nicht anders. Was sollen wir also thun? Sollen auch wir jener übermüthigen Civilisation Beifall rufen, innerhalb deren auch unsre Wissenschaft höchstens als ein unschuldiger Luxus eine Stelle finden kann? Nein, wahrlich nicht, so lange im deutschen Lande aus dem Toben des Marktes und den Sirenenklängen üppiger Luxuskünste die herzbewegenden Töne einer innigsten Sehnsucht nach der Erlösung unsres Volkes von dieser bedenklichen Civilisation zu einer edleren Cultur machtvoll hervorklingen. Wenn solchen durchaus gegenwärtig lebendigen, von ganzem Herzen deutschen Bestrebungen eines viel verkannten grossen Künstlers unser Freund sich freudig zugesellte, so durfte er glauben, damit keineswegs seine altgriechische, historische Wissenschaft aufgegeben, sondern ihr tiefstes Leben in sich aufgenommen zu haben. Es gehörte Muth und Vertrauen auf eine gute Sache dazu, sich durch die Herausgabe eines solchen Buches mit Bewusstsein absichtlich und unabsichtlich ungerechter Beurtheilung der nächsten Fachgenossen auszusetzen. Unser Freund schöpfte dieses Vertrauen vor allem, verehrter Meister, aus Ihrer grossherzigen, unentwegten Hoffnung, aus Ihrem, von solcher hoffnungsvollen Zuversicht über allen »Widerstand der stumpfen Welt« zu herrlichem Vollbringen fortgetragnen Wirken. In diesem Vertrauen, dass aus den edelsten Bestrebungen der Gegenwart die Zukunft ein gedeihliches Leben erwarten dürfe, wird er wohl auch lächelnd die Bosheit des Verläumders, die ihm mit dem Schlagwort »Zukunftsphilologie!« ein rechtes Leid anzuthun gedachte, in ein glückliches Omen verkehren. Wer kennt das Kommende? wünschen aber und hoffen dürfen wir ohne Anmaassung, dass unser Freund, in unbeirrtem Weiterschreiten, und gerade als ein ächter Philologe, wirklich sein möge »ein Bürger derer, welche kommen werden«.

Und somit rufe ich Ihnen, hochverehrter Meister, in herzlicher Ergebenheit für dieses Mal einen freudigen Scheidegruss zu.

ERWIN ROHDE,
ao. Professor d. class. Philologie an d. Univ. Kiel.

Druck von Breitkopf und Härtel in Leipzig.